NÃO FAÇA TEMPESTADE EM COPO D'ÁGUA...

E TUDO NA VIDA SÃO COPOS D'ÁGUA...

RICHARD CARLSON

NÃO FAÇA TEMPESTADE EM COPO D'ÁGUA...
E TUDO NA VIDA SÃO COPOS D'ÁGUA...

Tradução de Joana Mosela

Rocco

Título original
DONT' SWEAT THE SMALL STUFF...
AND IT'S ALL SMALL STUFF...
Simple Ways to Keep the Little
Things from Taking Over Your Life

Copyright © 1997 by Richard Carlson, Ph.D.

Primeira publicação por
Hyperion, New York, N.Y.
Todos os direitos reservados.

"Publicação autorizada por
Linda Michaels Limited,
International Literary Agents."

Direitos para a língua portuguesa
reservados com exclusividade à
EDITORA ROCCO LTDA.
Rua Evaristo da Veiga, 65 – 11º andar
Passeio Corporate – Torre 1
20031-040 – Rio de Janeiro – RJ
Tel.: (21) 3525-2000 – Fax: (21) 3525-2001
rocco@rocco.com.br
www.rocco.com.br

Printed in Brazil/Impresso no Brasil

Preparação de originais
MÔNICA MARTINS FIGUEIREDO

CIP-Brasil. Catalogação na publicação.
Sindicato Nacional dos Editores de Livros, RJ.

R385n

Richard Carlson, 1961-2006
Não faça tempestade em copo d'água... e tudo na vida são copos d'água... : maneiras simples de impedir que coisas insignificantes dominem sua vida / Richard Carlson ; tradução Joana Mosela. - 1. ed. - Rio de Janeiro : Rocco, 2020.

Tradução de: Don't sweat the small stuff... and it's all small stuf... : simple ways to keep the little things from taking over your life
ISBN 978-85-325-3189-6

1. Comportamento - Modificação. 2. Conduta. I. Mosela, Joana. II. Título.

20-63234

CDD: 158.1
CDU: 159.923.2

Meri Gleice Rodrigues de Souza - Bibliotecária CRB-7/6439

O texto deste livro obedece às normas do
Acordo Ortográfico da Língua Portuguesa.

Dedico este livro a minhas filhas, Jazzy e Kenna, que me fazem lembrar, todos os dias, como é importante não fazer "tempestade em copo d'água". Eu as adoro. Obrigado por serem exatamente como são.

AGRADECIMENTOS

◊◊◊◊◊◊◊◊◊◊◊◊

Gostaria de agradecer às seguintes pessoas que me ajudaram na criação deste livro: Patti Breinan pelo entusiasmo, incentivo, e por sua dedicação e sabedoria ao evitar tempestades em copos d'água; e Leslie Wells por sua visão e inspirada técnica editorial.
 Obrigado a ambas.

SUMÁRIO

◇◇◇◇◇◇◇◇◇◇◇◇

Introdução	13
1. Não faça tempestade em copo d'água	17
2. Faça as pazes com a imperfeição	19
3. Livre-se da ideia de que pessoas gentis e calmas não podem ser supereficientes	21
4. Fique atento ao efeito bola de neve de seu pensamento	23
5. Desenvolva sua complacência	25
6. Lembre-se de que, ao morrer, sua caixa de entrada não estará vazia	27
7. Não interrompa os outros ou complete suas frases......	29
8. Faça alguma coisa legal por alguém – e não conte a *ninguém*	31
9. Deixe a glória para os outros	33
10. Aprenda a viver o momento presente	35
11. Imagine que todo mundo é iluminado, menos você......	37
12. Deixe para os outros o mérito de estarem "certos" na maioria das vezes	39
13. Seja mais paciente	41
14. Crie períodos de paciência prática	43
15. Seja o primeiro a agir amorosamente ou a fazer as pazes	45
16. Faça a si mesmo a seguinte pergunta: "Que importância isso terá daqui a um ano?"	47

17. Renda-se ao fato de que a vida não é justa 49
18. Conceda-se o direito ao tédio 51
19. Diminua sua tolerância ao estresse 55
20. Uma vez por semana escreva uma carta sincera 57
21. Imagine-se em seu próprio funeral 59
22. Repita para si mesmo: "A vida não é uma emergência" 61
23. Experiência com o bico de gás lá do fundo 63
24. Gaste um minuto por dia pensando em alguém a quem deva agradecer 65
25. Sorria para estranhos, olhe em seus olhos e diga "olá".. 67
26. Reserve para si momentos tranquilos todos os dias 69
27. Imagine as pessoas em sua vida como criancinhas ou adultos centenários 71
28. Tente primeiro entender 73
29. Torne-se um ouvinte melhor 75
30. Escolha suas batalhas com sabedoria 77
31. Conscientize-se de seus humores e não se deixe enganar pelos sombrios 79
32. A vida é um teste. É apenas um teste 83
33. Louvar e culpar são a mesma coisa 85
34. Pratique atos caridosos ao acaso 87
35. Procure enxergar além do comportamento 89
36. Perceba a inocência 91
37. Escolha ser generoso, não queira estar sempre certo ... 93
38. Diga a três pessoas (hoje mesmo) o quanto você as ama 95
39. Pratique a humildade 97
40. Quando estiver em dúvida sobre de quem é a vez de recolher o lixo, vá em frente e recolha 99
41. Evite a impermeabilização 101
42. Gaste um momento todo dia pensando em alguém que deva amar 103
43. Seja um antropólogo 105
44. Entenda realidades diferentes 107
45. Desenvolva seus próprios rituais de ajuda 109
46. Todos os dias elogie em pelo menos uma pessoa algo que você gosta, admira ou aprecia nela 111

47. Lute por suas limitações e elas farão parte de você 113
48. Lembre-se de que tudo tem as impressões digitais de Deus 115
49. Resista à necessidade de criticar 117
50. Escreva suas posições mais irredutíveis e veja se consegue abrandá-las 119
51. Só para se divertir, aceite a crítica dirigida a você (e perceba que ela se dilui) 121
52. Procure a verdade na opinião dos outros 123
53. Veja o vidro como se já estivesse partido (e todo o resto também) 125
54. Entenda a expressão "para onde você vai, é lá que você está" 127
55. Respire antes de falar 129
56. Seja agradecido quando estiver se sentindo bem, e sereno quando estiver mal 131
57. Seja um motorista menos agressivo 133
58. Relaxe 135
59. Adote uma criança pelo correio 137
60. Transforme seu melodrama num suavedrama 139
61. Leia artigos e livros com pontos de vista completamente diferentes dos seus e tente aprender alguma coisa 141
62. Faça uma coisa de cada vez 143
63. Conte até dez 145
64. Pratique a sensação de estar no "olho de um furacão" 147
65. Seja flexível com as alterações em seus planos 149
66. Pense no que você tem, em vez de no que gostaria de ter 151
67. Pratique ignorar seus pensamentos negativos 153
68. Esteja disposto a aprender com os amigos e a família.. 155
69. Seja feliz onde você está 157
70. Lembre-se de que você é o que mais pratica 159
71. Apazigue sua mente 161
72. Faça ioga 163
73. Faça do serviço uma parte essencial de sua vida 165

74. Faça um favor e não peça, nem espere, nada em troca 167
75. Pense em seus problemas como ensinamentos em potencial 169
76. Sinta-se à vontade por não saber 171
77. Perceba a totalidade de seu ser 173
78. Dê um tempo 175
79. Pare de culpar os outros 177
80. Torne-se um madrugador 179
81. Quando quiser ajudar, focalize as pequenas coisas 181
82. Lembre-se que daqui a cem anos todo mundo será novo 183
83. Ilumine-se 185
84. Alimente uma planta 187
85. Transforme sua relação com os seus problemas 189
86. Da próxima vez que você se pegar numa discussão, em vez de defender seu ponto de vista, veja se consegue entender o de seu antagonista 191
87. Redefina o termo "realização significativa" 193
88. Ouça seus sentimentos (eles estão tentando lhe dizer algo) 195
89. Se alguém lhe atira uma bola, você não tem que pegar 197
90. Mais um show que passa 199
91. Preencha sua vida com amor 201
92. Perceba o poder de seus pensamentos 203
93. Abandone a ideia de que "mais é melhor" 205
94. Pergunte-se sempre: "O que é importante?" 207
95. Confie em seu coração intuitivo 209
96. Esteja aberto para "o que é" 211
97. Cuide do que é de sua conta 213
98. Procure o extraordinário no comum 215
99. Programe tempo para seu trabalho interior 217
100. Viva este dia como se fosse seu último. Pode ser! 219

Leituras sugeridas 221

INTRODUÇÃO

A maior descoberta de minha geração é que qualquer ser humano pode mudar de vida mudando de atitude.

– WILLIAM JAMES

Ao lidar com notícias ruins, pessoas difíceis, ou desapontamentos, a maioria de nós desenvolve certos hábitos e maneiras de reagir à vida – e, em particular, à adversidade – que não são exatamente os ideais. Nossa tendência é reagir violentamente, superdimensionar, nos apegarmos demasiadamente a nossas posições, e valorizar apenas os aspectos negativos. Quando nos sentimos imobilizados por coisas pequenas – quando estamos irritados, aborrecidos, e facilmente incomodados –, nossas reações excessivas não só nos frustram, como nos impedem de alcançar o que gostaríamos. Perdemos a noção do conjunto, só vemos o que há nele de negativo, e acabamos, com isso, atormentando pessoas que poderiam na verdade nos ajudar. Em resumo, vivemos nossas vidas como se elas fossem uma emergência permanente! Muitas vezes corremos para lá e para cá parecendo ocupados, tentando resolver problemas, quando, na realidade, estamos apenas aglutinando-os. Porque tudo parece um problemão, passamos nossa existência destrinchando um drama após outro.

Depois de algum tempo, somos levados a crer que tudo é, de fato, um problema. Não conseguimos mais perceber que a maneira como nos relacionamos com nossos problemas é diretamente responsável pela solução rápida e eficiente que podemos encontrar para eles. Como acredito que vocês poderão constatar, quando desenvolvemos o hábito de reagir à vida de maneira menos intensa, problemas que pareciam "intransponíveis" podem parecer solúveis. E até mesmo os mais "cabeludos", coisas que são de fato muito estressantes, não o desnortearão como faziam até então.

Ainda bem que existe outra maneira de se relacionar com a vida – um caminho mais suave e mais atraente que tornará sua vida mais fácil e as pessoas que a habitam mais compatíveis. Esse "outro jeito" de viver implica trocar os velhos hábitos de "reação" por novas perspectivas. Esses novos hábitos nos permitem desenvolver uma vida mais rica e satisfatória.

Gostaria de partilhar uma história pessoal que me tocou profundamente e reforçou uma lição importante – uma história que demonstra a mensagem essencial deste livro. Como vocês verão, os eventos dessa história plantaram a semente do título do livro que vocês estão começando a ler.

Há cerca de um ano um editor estrangeiro me procurou e me pediu para que obtivesse um elogio do autor best-seller Wayne Dyer para a edição de meu livro *You can feel good again*. Eu lhe expliquei que, embora o dr. Dyer tivesse me elogiado num livro anterior, eu não tinha a menor ideia se ele cogitaria fazê-lo novamente. De qualquer maneira, lhe garanti, eu tentaria.

Como acontece com frequência no mundo editorial, enviei meu pedido, mas não obtive resposta. Depois de algum tempo, cheguei à conclusão de que o dr. Dyer estava muito ocupado ou não tinha vontade de escrever o elogio. Entendi essa decisão e dei a entender ao editor que não poderíamos usar o nome dele na promoção do livro. Considerei o caso encerrado.

Cerca de seis meses mais tarde, no entanto, recebi um exemplar da edição estrangeira e, para minha surpresa, a capa trazia o elogio do dr. Dyer para o livro anterior! Embora eu tivesse dado instruções específicas em contrário, o editor havia transferido a citação de um livro para o outro. Fiquei muito aborrecido e preocupado com as implicações do ato e suas possíveis consequências. Contatei meu agente literário, que imediatamente contatou o editor e pediu para retirar a edição de circulação.

Nesse meio-tempo, decidi escrever uma carta de desculpas ao dr. Dyer expondo a situação e tudo o que estava sendo feito para corrigir o problema. Depois de algumas semanas considerando qual seria sua resposta, recebi uma carta pelo correio dizendo o seguinte: "Richard. Há duas regras para se viver em harmonia. 1) Não faça tempestade em copo d'água. 2) Tudo na vida são copos d'água. Pode deixar a citação onde está. Abraço, Wayne."

Foi isso. Nada de preleções ou ameaças. Nada de sentimentos dúbios ou confrontamentos. Embora houvesse um evidente uso pouco ético de seu nome famoso, ele me respondeu com graça e humildade; nada de arrufos. Sua resposta demonstrava a importância do conceito de "deixar fluir" e a necessidade de responder graciosamente à vida, com leveza.

Por mais de uma década venho trabalhando com meus clientes, ajudando-os a perceber a vida de modo mais complacente. Juntos lidamos com todo o tipo de temas – estresse, problemas em relacionamentos, temas relacionados ao trabalho de cada um, frustração de maneira geral.

Neste livro, compartilho com vocês as estratégias específicas – coisas que vocês podem começar a fazer hoje mesmo – que poderão ajudá-los a enfrentar a vida de modo mais ameno. As estratégias sobre as quais vocês lerão são aquelas que se provaram as mais bem-sucedidas entre meus clientes e leitores ao longo dos anos. Elas representam, igualmente, a maneira como abordo minha própria vida: o caminho da menor resistência. Cada estratégia é simples, embora poderosa, e funciona como um guia de navegação a apontar a direção de uma perspectiva mais ampla e uma vida mais relaxada. Vocês perceberão que muitas das estratégias se aplicarão não apenas a eventos isolados, mas a muitos dos desafios realmente difíceis que a vida proporciona.

Quando "não se faz tempestade em copo d' água", a vida pode não se tornar perfeita, mas aprendemos a aceitar o que ela tem a nos oferecer com mais complacência. Conforme ensina a filosofia Zen, quando superamos os problemas, em vez de resistirmos a eles, com todas nossas forças, a vida começa a fluir. Você conseguirá, como a prece de serenidade sugere, "mudar as coisas que podem ser mudadas, aceitar as que não podem, e ter a sabedoria de perceber a diferença que existe entre as duas". Estou certo de que, se você experimentar essas estratégias, aprenderá as duas regras da harmonia. 1) Não faça tempestade em copos d'água, e 2) tudo na vida são copos d'água. À medida que incorporamos essas ideias às nossas vidas, começamos a construir um ser humano mais pacífico e amoroso.

1
NÃO FAÇA TEMPESTADE EM COPO D'ÁGUA

◇◇◇◇◇◇◇◇◇◇◇

Muitas vezes nos desgastamos por coisas que, examinadas em detalhe, não merecem tanta atenção. Nós nos detemos em pequenos problemas e questões, e os superdimensionamos. Um estranho, por exemplo, pode nos dar uma fechada no trânsito. Em vez de esquecê-lo, e continuarmos em frente tocando o dia, nos convencemos de que este motivo é mais do que suficiente para nossa raiva. Nós imaginamos o confronto em nossas mentes. Muitos de nós, inclusive, podem vir a narrar para outras pessoas o incidente em vez de simplesmente esquecê-lo.

Por que não deixar, simplesmente, que o mau motorista tenha seu acidente em alhures? Tente sentir compaixão por esta pessoa e pense como deve ser terrível ser obrigado a ter tanta pressa. Deste modo, podemos manter nosso próprio senso de bem-estar sem incorporarmos o problema do outro.

Há muitas outras "tempestades" como essa. Exemplos que ocorrem todos os dias em nossas vidas. Quando temos que esperar numa fila, quando ouvimos críticas injustas, ou fazemos a parte do leão de algum trabalho. Só temos a ganhar ao aprender a não nos deixarmos levar por esses pequenos aborrecimentos. Tantas pessoas perdem tanta energia de suas vidas "fazendo tempestades em copos d' água", que perdem contato com o lado mágico e belo da existência. Quando você se compromete a trabalhar com esse objetivo em mente, percebe que sobra uma reserva muito maior de energia para ser dedicada à simpatia e à gentileza.

2
FAÇA AS PAZES COM A IMPERFEIÇÃO

◇◇◇◇◇◇◇◇◇◇◇

Ainda estou por encontrar o perfeccionista absoluto cuja vida seja plena de paz interior. A busca da perfeição e o desejo da tranquilidade interior são conflitantes. Sempre que estamos ligados à realização de alguma coisa de uma determinada maneira melhor do que a que temos no presente, estamos, por definição, engajados numa batalha perdida. Em vez de estarmos felizes e gratos pelo que já alcançamos, nos fixamos no que esta coisa tem de errado e em nosso desejo de reparar este erro. Quando atingimos o ponto zero do erro, ficamos insatisfeitos e descontentes.

Quer tenha relação conosco – um armário desorganizado, um arranhão no carro, uma tarefa malfeita, uns quilos a mais que deveríamos perder – ou com as imperfeições dos outros – a aparência de alguém, o modo como se comporta, como vive sua vida –, a própria ênfase na imperfeição impede que atinjamos nosso objetivo de simpatia ou gentileza. Esta estratégia não quer dizer que devamos parar de fazer o melhor que podemos, e sim que não devemos nos concentrar excessivamente no lado errado da vida. A estratégia apenas nos ensina que, embora haja sempre uma maneira melhor de se fazer alguma coisa, isso não deve nos impedir de apreciar a maneira como as coisas são no momento.

A solução é se pôr de sobreaviso em relação ao hábito de insistir para que as coisas sejam diferentes do que são. Tente se lembrar com tranquilidade que a vida está bem como está *agora*. Na ausência do seu julgamento perfeccionista, tudo parecerá bem. À medida que você eliminar sua obsessão pela perfeição em todas as áreas de sua vida, você começará a descobrir a perfeição na própria vida.

3

LIVRE-SE DA IDEIA DE QUE PESSOAS GENTIS E CALMAS NÃO PODEM SER SUPEREFICIENTES

◇◇◇◇◇◇◇◇◇◇◇◇

Um dos principais motivos por que muitos de nós permanecemos apressados, assustados e competitivos, e assim vivemos uma existência de permanente emergência, é o receio de, ao nos tornarmos mais pacíficos e amorosos, sermos impedidos de alcançar nossos objetivos. Temos receio, portanto, de nos tornarmos preguiçosos e apáticos.

Você pode apaziguar este receio percebendo que o oposto é que é verdade. Pensamentos frenéticos, medrosos, sugam uma grande quantidade de energia, e drenam a criatividade e a motivação de nossas vidas. Quando você está se sentindo medroso ou frenético, literalmente se imobiliza em relação a seu potencial ou prazer. Todo o sucesso que você consegue alcançar ocorre a despeito de seus medos, não por causa deles.

Tive a sorte de, mais de uma vez, me ver rodeado por pessoas pacíficas, calmas e amorosas. Algumas dessas pessoas são autores bem-sucedidos, pais extremosos, consultores, especialistas em computação e executivos graduados. Todos são realizados no que fazem e muito eficientes em suas habilidades específicas. Aprendi uma lição importante: quando você obtém o que realmente quer (a paz interior), é *menos* distraído por suas vontades, necessidades, desejos e pensamentos. Fica mais fácil concentrar, focalizar, atingir suas metas, e retribuir aos outros.

4
FIQUE ATENTO AO EFEITO BOLA DE NEVE DE SEU PENSAMENTO

◇◇◇◇◇◇◇◇◇◇◇

Uma técnica eficaz de se atingir a paz interior é observar atentamente com que rapidez um pensamento negativo e inseguro foge ao seu controle, formando uma incontrolável espiral. Você já reparou alguma vez como se sente tenso quando se deixa envolver pelos seus pensamentos? E já reparou que, quanto mais absorvido pelos detalhes que o aborrecem, pior se sente? Um pensamento conduz a outro, e a outro ainda, até que, num determinado estágio, você se torna incrivelmente agitado.

 Você pode, por exemplo, acordar no meio da noite e lembrar-se de um telefonema que precisa ser dado no dia seguinte. Então, em vez de se sentir aliviado por ter sido alertado para uma obrigação tão importante, você começa a pensar em todo o restante do que precisa ser feito no dia seguinte. Você se pega ensaiando uma provável conversa com seu patrão, e, com isso, se sente ainda mais chateado. Logo, logo, você está pensando com seus botões: "Não posso acreditar que eu seja tão ocupado. Tenho que dar uns 50 telefonemas por dia. Que tipo de vida é esta, afinal?" E por aí você vai até começar a sentir pena de si mesmo. Para algumas pessoas, este tipo de "crise de pensamentos" tem duração ilimitada. Já ouvi relatos de clientes que gastaram muitos de seus dias e noites inteirinhos com ensaios mentais deste tipo. É desnecessário dizer que o sentimento de paz é impossível para alguém com a mente repleta de preocupações e aborrecimentos.

A solução é prestar atenção ao que está acontecendo em sua mente antes desses pensamentos começarem a formar sua onda negativa. Quanto mais rápido você se perceber construindo a bola de neve mental, mais fácil será interrompê-la. No exemplo que estou sugerindo, você pode perceber sua bola de neve de pensamentos ao repassar a lista do que tem para fazer no dia seguinte. Então, em vez de ficar obcecado com o que tem para fazer no dia vindouro, sugiro que diga para si mesmo "Aí vou eu, de novo" e, conscientemente, corte o mal pela raiz. Pare seu trem de pensamentos antes que ele tenha a chance de sair disparado. Procure se concentrar, não pensando em como está atolado, mas em como está feliz por ter lembrado do telefonema que tem que ser dado. Se for no meio da noite, escreva isso num pedaço de papel e volte a dormir. Você pode até cogitar deixar sempre papel e caneta perto da cama, prevendo tais momentos.

Você pode ser uma pessoa realmente muito ocupada, mas lembre-se de que encher sua mente de pensamentos a respeito do excesso de ocupação só serve para exacerbar o problema, fazendo com que se sinta ainda mais estressado do que está. Experimente este pequeno exercício na próxima vez que ficar obcecado com sua agenda. Ficará surpreso em como pode ser eficaz.

5
DESENVOLVA SUA COMPLACÊNCIA

◇◇◇◇◇◇◇◇◇◇

Nada ajuda a desenvolver mais nossa perspectiva da vida do que aprender a ter compaixão pelos outros. A compaixão é um sentimento simpático. Ela implica a vontade de nos colocarmos no lugar dos outros, de tirarmos os olhos de nós mesmos e imaginarmos o que é viver as dificuldades alheias, bem como, simultaneamente, sentir amor por essas pessoas. É reconhecer que os problemas dos outros, sua dor e frustrações, são tão reais quanto os nossos – e muitas vezes até piores. Ao reconhecer este fato e oferecer alguma ajuda, abrimos nossos corações e ampliamos nosso senso de gratidão.

A compaixão é algo que pode ser desenvolvido com a prática. Envolve, basicamente, duas coisas: intenção e ação. Intenção significa simplesmente abrir seu coração a outras pessoas; você desloca a noção de que e quem importa de você para os outros. Ação é simplesmente "o que faço com isso". Você pode doar dinheiro ou tempo (ou ambos) regularmente para uma causa que lhe seja cara. Ou, talvez, oferecer um belo sorriso e um "alô" sincero às pessoas que você encontra na rua. Não é importante o que você faça, apenas que faça algo. Como Madre Teresa dizia: "Não podemos fazer grandes coisas nesta terra. Tudo que podemos fazer são pequenas coisas com muito amor."

A compaixão desenvolve nosso senso de gratidão ao desviar nossa atenção das pequenas coisas que aprendemos a levar tão a sério. Quando você gasta seu tempo com regularidade refletindo sobre o milagre da vida – o milagre que existe até na simples leitura deste livro –, o dom da visão, do amor, e todo o resto, isto pode ajudá-lo a lembrar que muitas das coisas que você julga importantes são na verdade "copos d'água" que você está transformando em tempestades.

6
LEMBRE-SE DE QUE, AO MORRER, SUA CAIXA DE ENTRADA NÃO ESTARÁ VAZIA

◇◇◇◇◇◇◇◇◇◇◇◇

Muitos de nós vivemos nossas vidas como se o propósito secreto dela fosse, de alguma forma, cumprir todas as tarefas. Ficamos acordados até tarde, acordamos cedo, evitamos o prazer, e fazemos nossos amados esperarem. É com tristeza que tenho visto muitas pessoas manterem os seres amados à distância por tanto tempo que eles perdem interesse em manter a relação. Quase sempre nos convencemos de que nossa obsessão com a lista do que "temos a fazer" é temporária – que, uma vez que tenhamos chegado ao fim da lista, ficaremos calmos, tranquilos e felizes. Mas isso, na realidade, raramente ocorre. À medida que os itens vão sendo ticados, surgem outros novos para substituí-los.

A realidade da "caixa de entrada" é que seu único sentido é ter itens que a completem – de maneira que nunca esteja vazia. Sempre haverá telefonemas que precisam ser dados, projetos a serem desenvolvidos, e trabalho a ser feito. De fato, podemos argumentar até que uma "caixa de entrada" cheia é fundamental para nossa noção de sucesso. Significa que nosso tempo está sendo requisitado!

Independentemente de quem você seja ou do que faça, no entanto, lembre-se de que *nada* é mais importante do que a sensação de felicidade e paz interior e as pessoas que nos amam. Se você é do tipo obcecado com coisas a serem feitas, nunca terá a sensação de bem-estar! Na verdade, quase tudo pode esperar. Muito pouco de nossa vida de trabalho realmente se encaixa na categoria de "emergência". Se você se mantém concentrado no seu trabalho, ele será feito em tempo hábil.

Eu acredito que, se me lembrar (frequentemente) de que o propósito da vida *não* é fazer tudo, mas aproveitar cada passo no caminho e viver uma vida repleta de amor, será muito mais fácil para mim controlar minha obsessão em relação à execução de listas de coisas a serem feitas. Lembre-se: quando você morrer, ainda haverá coisas por completar. E sabe do que mais? Alguém as fará por você! Não desperdice nenhum dos momentos preciosos de sua vida lamentando o inevitável.

7
NÃO INTERROMPA OS OUTROS OU COMPLETE SUAS FRASES

◇◇◇◇◇◇◇◇◇◇◇

Foi somente há alguns anos que percebi com que frequência costumo interromper os outros ou completar suas frases. Logo em seguida, compreendi como este hábito é destrutivo não só com relação ao respeito e amor que os outros me dedicam, mas devido à enorme quantidade de energia que se gasta na tentativa de estar sempre na frente! Pense nisso por alguns minutos. Quando você apressa alguém ou o interrompe, ou termina a frase por ele ou por ela, tem que prestar atenção para não perder o fio de seus próprios pensamentos, assim como o da pessoa que você está interrompendo. Essa tendência (que, por sinal, é muito comum em pessoas ocupadas) incentiva as pessoas envolvidas numa conversação a acelerarem suas falas e pensamentos. Isso, por sua vez, as torna a um tempo nervosas, irritáveis e aborrecidas. É completamente exaustivo. É também motivo para uma série de discussões porque, se existe uma coisa que quase todo o mundo não gosta, é ter um interlocutor que não está prestando atenção ao que se está dizendo. E como você pode estar realmente prestando atenção ao que alguém está dizendo, se está empenhado em falar por esta pessoa?

Tão logo você se perceba interrompendo os outros, perceberá, igualmente, que esta tendência insidiosa nada mais é do que um hábito inocente que se tornou imperceptível para você. Isto é uma boa notícia porque significa que tudo o que você precisa fazer para se livrar dele é começar a se controlar toda vez que esquecer. Tente se lembrar (se possível, antes de começar uma conversa) de que deve ser paciente e esperar. Diga a si mesmo que vai deixar a outra pessoa terminar de falar antes de aproveitar a sua vez. As pessoas com que você se comunica se sentirão muito mais à vontade quando se sentirem ouvidas e entendidas. Você também perceberá como se sentirá mais calmo assim que parar de interromper os outros. Seu coração e pulsações desacelerarão, e você começará a aproveitar suas conversas, em vez de apressá--las. Esse é um caminho fácil para se tornar uma pessoa mais calma e amorosa.

8

FAÇA ALGUMA COISA LEGAL POR ALGUÉM – E NÃO CONTE A *NINGUÉM*

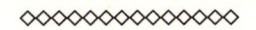

◇◇◇◇◇◇◇◇◇◇◇

Embora muitos de nós façamos frequentemente coisas boas por outros, quase sempre mencionamos nossos atos de "bondade", secretamente ansiando por aprovação.

Quando dividimos nossas atitudes legais e nossa generosidade com alguém mais, isso nos faz sentir pessoas especiais, nos faz lembrar de como somos bons e como, portanto, merecemos generosidade igual.

Embora todos os atos simpáticos sejam intrinsecamente maravilhosos, há algo de ainda mais mágico quando se faz alguma coisa realmente generosa e não se menciona o ato para ninguém, nunca. Você sempre se sente bem quando faz uma doação de si para os outros. Em vez de diluir os sentimentos positivos contando o fato para outros, ao mantê-lo para si, você retém *todos* os sentimentos positivos.

É realmente verdade que se deve doar pelo simples prazer da doação, não pensando em receber nada em troca. É isso, precisamente, o que você faz quando não menciona sua generosidade para os outros. Sua recompensa, então, passa a ser os sentimentos calorosos que emanam do ato de dar. A próxima vez que você fizer algo realmente bom para alguém, guarde isso para você e se rejubile na graça abundante da doação.

9
DEIXE A GLÓRIA PARA OS OUTROS

◇◇◇◇◇◇◇◇◇◇◇

Algo mágico acontece ao espírito humano, uma sensação de calma nos invade, quando não mais precisamos de toda a atenção voltada para nós e conseguimos deixar a glória para os outros.

Nossa necessidade de excessiva atenção provém do nosso egocentrismo que nos diz: "Olhe para mim. Sou especial. Minha história é mais interessante que a sua." É essa voz interior que talvez não saia e diga isso às claras, mas quer que acreditemos que "minhas realizações são ligeiramente mais importantes que as suas".

O ego é aquela parte de nós que quer ser vista, ouvida, respeitada, considerada especial, frequentemente à custa de alguém. É aquela parte de nós que interrompe a história que alguém está contando, ou impacientemente espera sua vez de falar para que a conversa e a atenção voltem a girar em torno de nós. Em graus diferentes, quase todos temos este hábito, o que não nos engrandece em nada. Quando você mergulha e recupera a conversa para os seus domínios, diminui sutilmente a alegria que se tem ao partilhar, e, ao fazê-lo, aumenta a distância entre você e os outros. Todo mundo perde.

Da próxima vez que alguém lhe contar uma história ou dividir uma realização com você, perceba sua tendência de contar algo a seu próprio respeito como resposta.

Embora seja um hábito difícil de romper, não só é altamente satisfatório, mas apaziguador, quando nos sentimos capazes de ter a calma confiança de abdicar da necessidade de atenção e, para variar, aproveitar a alegria que existe na glória do outro. Em vez de correr para dizer "Eu também fiz isso" ou "Adivinhe o que fiz hoje", morda sua língua e observe o que acontece. Diga apenas "Que maravilha" ou "Conte mais", e nada além. A pessoa com quem você está falando terá muito mais prazer e, porque você está muito mais "presente", porque está ouvindo com tanta atenção, ele ou ela não se sentirá competindo com você. O resultado será que esta pessoa se sentirá mais relaxada quando você estiver por perto, fazendo com que ele ou ela se torne mais confiante e mais interessante. Você também, por sua vez, se sentirá mais relaxado porque não estará permanentemente na ponta da cadeira aguardando sua vez.

É claro que existem ocasiões em que é absolutamente apropriado trocar experiências, e dividir a glória e a atenção, em vez de doá-la ao outro. O que estou tratando aqui é da necessidade compulsiva de arrancá-la dos outros. Ironicamente, quando você abre mão da compulsão de glória, a atenção que costumava extrair das pessoas é substituída por uma confiança interior que deriva da permissão dada aos outros para aproveitá-la plenamente.

10

APRENDA A VIVER O MOMENTO PRESENTE

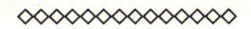

◇◇◇◇◇◇◇◇◇◇◇

A nossa paz mental é determinada, em grande parte, por nossa capacidade de viver o momento presente. Independentemente do que aconteceu ontem ou no ano passado, ou o que possa nos acontecer amanhã, o momento presente é onde você está – sempre! Sem dúvida, muitos de nós aprendemos a arte neurótica de perder nossas vidas nos preocupando com uma variedade de coisas – tudo ao mesmo tempo. Deixamos os problemas passados e as preocupações futuras dominarem nossos momentos presentes, e, com isso, acabamos ansiosos, frustrados, deprimidos e desesperançados. Por outro lado, adiamos, igualmente, nossa satisfação, nossas prioridades estabelecidas e nossa felicidade, muitas vezes nos convencendo de que "algum dia" será melhor do que hoje. Infelizmente, a mesma dinâmica mental que nos diz para olhar para o futuro se repetirá infinitamente para garantir que este "algum dia" nunca aconteça. John Lennon certa vez disse: "A vida é algo que acontece enquanto estamos ocupados fazendo outros planos." Quando estamos ocupados fazendo "outros planos", nossas crianças estão ocupadas crescendo, as pessoas que amamos estão se mudando e morrendo, nossos corpos estão ficando fora de forma, nossos sonhos se evanescendo. Em resumo, estamos aproveitando mal a vida.

Muitas pessoas vivem como se a vida fosse um ensaio de figurino para alguma festa posterior. Não é. Na verdade, ninguém pode ter a garantia de que ele ou ela estarão aqui amanhã. Agora é o único momento que temos, e o único momento que podemos controlar. Quando nossa atenção está voltada para o momento presente, apagamos o medo de nossas mentes. Medo é a preocupação que temos com relação a eventos que poderão acontecer no futuro – não teremos dinheiro suficiente, nossos filhos enfrentarão dificuldades, ficaremos velhos e morreremos, seja o que for.

Para combater o medo, a melhor estratégia é aprender a atrair a nossa atenção para o presente. Mark Twain disse: "Passei por coisas terríveis em minha vida, e algumas delas de fato ocorreram." Acho que não saberia dizer melhor do que ele. Pratique concentrar sua atenção no presente. Seus esforços renderão dividendos.

11

IMAGINE QUE TODO MUNDO É ILUMINADO, MENOS VOCÊ

◇◇◇◇◇◇◇◇◇◇◇

Esta estratégia lhe dá uma oportunidade de praticar algo que seria provavelmente inaceitável para você. Se tentar, no entanto, poderá descobrir que este é um dos melhores exercícios de aperfeiçoamento pessoal.

Como o título do capítulo sugere, a ideia é imaginar que todo mundo que você conhece e todo mundo que encontra é perfeitamente iluminado. Isto é, todo mundo, menos você! As pessoas que você encontra existem para ensinar-lhe alguma coisa. Talvez o motorista imprudente e o adolescente respondão estejam aqui para ensiná-lo a ter paciência, o punk deve estar aqui para ensiná-lo a não fazer julgamentos apressados.

Seu trabalho é tentar determinar o que as pessoas em sua vida estão lhe ensinando. Você descobrirá que, se fizer isso, se sentirá menos aborrecido, incomodado, e frustrado pelas ações e imperfeições dos outros. Você pode desenvolver o hábito de enxergar a vida dessa maneira e, se o fizer, ficará feliz em fazê-lo. Muitas vezes, quando você descobre o que o outro está lhe tentando ensinar, fica fácil se livrar de sua frustração. Suponha, por exemplo, que você está na agência de correios e que um funcionário pareça estar intencionalmente se movendo devagar. Em vez de se sentir frustrado, indague: "O que ele está tentando me ensinar?" Talvez você precise aprender a complacência – como é difícil ter um trabalho do qual você não gosta. Ou talvez pudesse aprender mais a respeito da paciência. Ficar numa fila é uma excelente ocasião para romper seu hábito de impaciência.

Você pode ficar surpreso ao descobrir como isso é fácil e prazeroso. Tudo o que está fazendo é mudando sua percepção de "Por que eles estão fazendo isso?" para "O que estão tentando me ensinar?". Observe hoje mesmo todas essas pessoas iluminadas.

12

DEIXE PARA OS OUTROS O MÉRITO DE ESTAREM "CERTOS" NA MAIORIA DAS VEZES

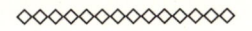

◇◇◇◇◇◇◇◇◇◇◇◇

Uma das perguntas mais importantes que devemos nos fazer é "Quero estar sempre 'certo' – ou quero ser feliz?". Muitas vezes, as duas coisas se excluem automaticamente!

Estar certo, defender suas posições, implica o emprego de uma energia mental expressiva e muitas vezes nos distancia das pessoas em nossas vidas. A necessidade de estar certo – ou a necessidade de alguém estar errado – encoraja os outros a se defenderem, e nos pressiona a manter nossa defesa. No entanto, muitos de nós (até eu algumas vezes) gastamos uma boa parte de nosso tempo e energia tentando provar (e mostrar) que estamos certos – e que os outros estão errados. Muitas pessoas, consciente ou inconscientemente, acreditam que é dever delas, por algum motivo, mostrar aos outros que suas posições, afirmativas e pontos de vista estão incorretos, e que, assim fazendo, a pessoa que estão corrigindo vai, de alguma forma, apreciar a correção, ou pelo menos aprender algo. Errado!

Pense no assunto. Alguma vez na sua vida você foi corrigido por alguém e disse para esta pessoa que estava tentando ser correta?: "Obrigado por ter me provado que eu estava errado e você certo. Agora, eu entendo. Cara, você é o máximo!" Ou alguém que você conheceu alguma vez lhe agradeceu (ou sequer concordou com você) quando o corrigiu ou mostrou-se "certo" à custa dele? Claro que não. A verdade é que todos odiamos esse tipo de correção. Todos queremos que nossas posições sejam respeitadas e entendidas pelos outros. Ser ouvido e entendido é um dos maiores desejos do ser humano. E aqueles que aprendem a ouvir e entender são os mais amados e respeitados. Aqueles que têm por hábito corrigir os outros provocam ressentimentos e afastamento.

Não é que não seja *nunca* apropriado estar certo – algumas vezes você genuinamente precisa estar certo ou quer estar. Pode ser que haja algumas posições filosóficas que você não admita transigir, como quando você ouve um comentário racista, por exemplo. Aí, é importante dizer o que vai em sua mente. Normalmente, no entanto, é o nosso ego que contribui para arruinar o que seria, de outro modo, um encontro pacífico – o nosso velho hábito de precisar e querer estar certo.

Uma estratégia excelente e simpática para nos tornarmos mais pacíficos e amorosos é praticar permitir aos outros a alegria de estarem certos. Deixe a glória para eles. Pare de corrigir. Por mais enraizado que seja este hábito, vale qualquer esforço ou prática. Quando alguém diz "Eu realmente penso que é importante...", em vez de correr para dizer "Não, mais importante é..." ou qualquer das milhares de outras formas de cortar uma conversa, simplesmente deixe a retórica fluir e o pensamento chegar ao fim. As pessoas em sua vida se tornarão menos defensivas e mais amorosas. Elas vão apreciá-lo mais do que você poderia jamais ter sonhado possível, mesmo que não saibam o porquê. Você descobrirá o prazer da participação e do testemunho da felicidade de outras pessoas, que é muito mais compensador do que a batalha de egos. Você não tem que sacrificar suas verdades filosóficas mais profundas ou suas opiniões mais sensíveis, mas pode começar hoje mesmo a deixar aos outros as certezas a *maior parte* do tempo!

13

SEJA MAIS PACIENTE

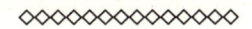

◇◇◇◇◇◇◇◇◇◇◇

A virtude da paciência pode ajudar bastante no caminho para a criação de um self mais pacífico e amoroso. Quanto mais paciente você for, mais complacente será, em vez de insistir para que a vida seja exatamente como você gostaria que fosse. Sem paciência, a vida é extremamente frustrante. Você se torna facilmente irritável, aborrecido, entediado. A paciência aumenta a dimensão de bem-estar e compaixão em sua vida. É essencial para a paz interior.

Tornar-se mais paciente implica abrir o coração para o momento presente, mesmo que você tenha dificuldades com relação a isso. Se você estiver preso num engarrafamento, atrasado para um encontro, abrir-se para o momento significa perceber-se construindo sua bola de neve mental e impedir que as coisas fujam ao controle e, assim, lembrar-se gentilmente de relaxar. Pode ser igualmente um bom momento para respirar e uma oportunidade de se lembrar que, num panorama maior, estar atrasado é "um copo d'água".

A paciência também envolve a visão da inocência nos outros. Minha mulher, Kris, e eu temos duas filhas de quatro e sete anos. Em muitas ocasiões, enquanto estava escrevendo este livro, minha filha de quatro anos entrava no meu escritório e interrompia meu trabalho, o que desconcentra o escritor. O que aprendi a fazer (na maioria das vezes) é ver a inocência de seu comportamento em vez de focalizar nas implicações potenciais de sua interrupção ("Não conseguirei acabar meu trabalho, vou perder o fio de meus pensamentos, esta era a minha única oportunidade de escrever hoje", e assim por diante). Eu fazia questão de lembrar *porque* ela tinha vindo me ver. Porque ela me ama, não porque estivesse conspirando para arruinar meu trabalho. Assim que eu me lembrava de observar sua inocência, imediatamente conseguia recuperar um sentimento de paciência, e minhas atenções se voltavam para o momento presente. Qualquer irritação que eu estivesse construindo era eliminada e eu recordado, mais uma vez, de como era afortunado por ter filhas tão belas. Percebi que, quando você busca com profundidade, sempre consegue perceber a inocência nas pessoas tão bem quanto as situações potencialmente frustrantes. Quando você o faz, torna-se mais paciente e calmo e, de uma maneira estranha, começa a apreciar muitos momentos que anteriormente eram fonte de frustração.

14

CRIE PERÍODOS DE PACIÊNCIA PRÁTICA

◇◇◇◇◇◇◇◇◇◇◇

A paciência é uma qualidade do coração que pode ser aumentada com a prática deliberada. Um modo eficaz que encontrei de aprofundar minha própria paciência foi criar períodos de prática – períodos de tempo em que concentrei minha mente para praticar a arte da paciência. A vida, assim, passou a ser, ela mesma, uma sala de aula onde o currículo desenvolvido é a paciência.

Você pode começar com períodos pequenos de cinco minutos e ir desenvolvendo sua capacidade de paciência ao longo do tempo. Comece dizendo para si mesmo "Ok, nos próximos cinco minutos não vou me deixar aborrecer por nada. Serei paciente". O que você descobrirá será surpreendente. Sua intenção de ser paciente, especialmente se souber que é apenas por pouco tempo, imediatamente aumenta sua capacidade de paciência. A paciência é uma dessas qualidades especiais nas quais o sucesso se alimenta. Assim que você conseguir atingir seus primeiros marcos – cinco minutos de bem-sucedida paciência –, começará a perceber que, na verdade, tem capacidade de ser paciente por períodos mais longos. Com o tempo, você pode se tornar de fato uma pessoa paciente.

Como tenho filhos pequenos, talvez tenha melhores oportunidades de me exercitar na arte da paciência. Naqueles dias, por exemplo, que estou tentando dar importantes telefonemas e as duas meninas decidem disparar uma série de perguntas na minha direção, penso com meus botões: "Agora é a hora certa para ser paciente. Pela próxima meia hora vou tentar ser o mais paciente possível (ou seja, venho trabalhando a sério, já cheguei a meia hora!)." Deixando as brincadeiras de lado, realmente funciona – tem funcionado com a minha família. Enquanto me mantenho tranquilo e não me deixo irritar ou aborrecer, consigo, calma mas firmemente, direcionar o comportamento das crianças bem melhor do que quando perco a serenidade. O simples ato de voltar minha mente para o exercício da paciência me permite viver o momento presente de uma forma muito mais eficaz do que se eu tivesse me chateado pensando em quantas vezes isso aconteceu antes e me sentindo um verdadeiro mártir. E o que é melhor – meus sentimentos pacientes são frequentemente contagiosos – eles parecem atingir as crianças que chegam à conclusão, por conta própria, de que não vale a pena incomodar o Papai.

Ser paciente me permite manter minha perspectiva. Eu consigo lembrar, mesmo em uma situação difícil, que o que está diante de mim – meu desafio presente – não é "vida ou morte", mas simplesmente um obstáculo menor que tem de ser enfrentado. Sem paciência, o mesmo panorama se torna uma emergência completa com gritos, frustrações, sentimentos feridos e alta de pressão arterial. Não vale a pena. Quer você esteja diante de crianças, ou de seu patrão, ou de uma pessoa difícil, ou de uma situação – se você não quer fazer tempestade em copo d'água, melhorar o seu desempenho de paciência pode se provar um bom começo.

15

SEJA O PRIMEIRO A AGIR AMOROSAMENTE OU A FAZER AS PAZES

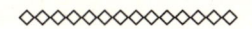

◇◇◇◇◇◇◇◇◇◇◇

Muitos de nós temos o hábito de cultivar pequenos ressentimentos que podem ser consequências de alguma discussão, mal-entendido, o tipo de educação que tivemos ou qualquer outro evento doloroso. Cabeças-duras, ficamos esperando que a outra pessoa envolvida nos procure – acreditando piamente que esta é a *única* maneira de perdoarmos ou reatarmos um laço familiar ou de amizade.

Uma amiga minha, cuja saúde não é muito boa, recentemente me contou que não falava com seu filho havia três anos. "Por que não?" – lhe perguntei. Ela me respondeu que ela e o filho tinham se desentendido a respeito da esposa dele e ela não voltaria a lhe falar se ele não a procurasse primeiro. Quando lhe sugeri que tomasse a iniciativa, resistiu e disse "Não posso fazê-lo. É ele que tem que pedir desculpas." Ela literalmente preferia morrer a procurar o único filho. Depois de algum incentivo, no entanto, decidiu procurá-lo. Para seu espanto, o filho ficou agradecido com a boa vontade que ela demonstrou e foi o primeiro a pedir desculpas. Isto é o que acontece, normalmente, quando alguém se arrisca e toma a iniciativa: todo mundo sai ganhando.

Todas as vezes que ficamos cozinhando nosso rancor, transformamos copos d'água em tempestades mentais. Passamos a pensar que nossos pontos de vista são mais importantes que nossa felicidade. Não são. Se você quiser ser uma pessoa mais pacífica, tem que entender que ter razão quase nunca foi tão importante quanto buscar a felicidade. E a felicidade está em deixar as coisas fluírem e tomar a iniciativa. Deixe as outras pessoas terem razão. Você experimentará a paz que advém de deixar as coisas acontecerem, a alegria de deixar os outros serem os corretos. Você também terá oportunidade de perceber que, ao deixar as coisas acontecerem e os outros serem donos da razão, eles se tornam menos defensivos e mais amorosos com relação a você. Eles podem até surpreender tomando iniciativas. Mas, se por algum motivo, não o fizerem, isso também estará bem. Você terá satisfação interior em saber que fez a sua parte na construção de um mundo mais amoroso, e certamente ganhará sua paz.

16

FAÇA A SI MESMO A SEGUINTE PERGUNTA: "QUE IMPORTÂNCIA ISSO TERÁ DAQUI A UM ANO?"

◇◇◇◇◇◇◇◇◇◇◇

Quase todos os dias me proponho um jogo que eu chamo de "túnel do tempo". Eu o criei como resposta à minha crença errônea e persistente de que tudo que me preocupa é realmente importante.

Para jogar "túnel do tempo", você tem que imaginar que a circunstância que o aflige atualmente não está acontecendo agora, mas daqui a um ano. Pergunte-se, então: "Será que esta situação é realmente importante ou sou eu que a estou tornando assim?" Uma vez em mil pode ser que de fato seja importante – mas, na maioria dos casos, simplesmente não é.

Quer seja uma discussão com sua mulher, filho, patrão, um erro, uma oportunidade perdida, uma carteira esquecida, uma rejeição no ambiente de trabalho, um tornozelo torcido, as possibilidades são que daqui a um ano você não esteja dando a mínima para isso. Será mais um detalhe irrelevante de sua vida. Embora este jogo simples não vá resolver todos os seus problemas, pode servir para ampliar sua perspectiva de forma produtiva. Eu me pego às vezes rindo de coisas que levava a sério. Agora, em vez de usar minha energia me sentindo abatido ou aborrecido, eu a uso aproveitando a companhia de minha mulher e filhos ou a aplico em pensamentos realmente criativos.

17

RENDA-SE AO FATO DE QUE A VIDA NÃO É JUSTA

◇◇◇◇◇◇◇◇◇◇◇

Certa amiga minha, numa conversa sobre as injustiças da vida, colocou-me a seguinte questão: "Quem disse que a vida seria justa, ou que deveria ser justa?" Eu achei sua pergunta boa. Fez-me lembrar de uma lição que me ensinaram na juventude: A vida não é justa. É um truísmo, mas absolutamente verdadeiro. Ironicamente, reconhecer este fato pode ter um efeito iluminador.

Um dos erros que cometemos normalmente é que sentimos pena de nós mesmos, ou dos outros, pensando que a vida *deveria* ser justa, ou que algum dia alguma coisa será. Não é e não será. Quando cometemos este erro, nossa tendência é gastar boa parte de nosso tempo resmungando ou reclamando a respeito do que está errado em nossas vidas. Sentimos comiseração pelos outros, discutimos as injustiças da vida. "Não é justo", dizemos, não percebendo, talvez, que nunca pretendeu ser.

Uma das *boas* coisas de se render ao fato de que a vida não é justa é que tal atitude nos impede de sentir pena de nós mesmos, nos encorajando a fazer o melhor que pudermos com o que efetivamente temos. Sabemos que não é obrigação da vida fazer tudo perfeito, esta é a nossa tarefa. Ao nos rendermos a este fato, paramos de sentir pena dos outros, igualmente, porque nos lembramos que cada pessoa recebe seu quinhão e tem suas próprias forças e desafios. Este *insight* tem me ajudado bastante com os problemas de educação de duas filhas, as decisões difíceis que têm de ser tomadas sobre a quem ajudar e a quem não, assim como em meus esforços pessoais durante períodos em que me senti vitimizado ou tratado de forma injusta. Quase sempre me desperta para a realidade e me coloca no caminho certo.

O fato da vida não ser justa não quer dizer que não devamos fazer tudo que está em nosso poder para melhorar nossas vidas e a do mundo como um todo. Ao contrário, indica, precisamente, que é o que devemos fazer. Quando não reconhecemos ou admitimos que a vida não é justa, tendemos a sentir piedade dos outros e de nós mesmos. A piedade é um sentimento consolador que não melhora nada para ninguém, e só serve para as pessoas se sentirem um pouco piores do que estão se sentindo no momento. Quando reconhecemos que a vida não é justa, no entanto, sentimos *compaixão* pelos outros e por nós mesmos. E compaixão é um sentimento que provoca simpatia amorosa em todos os que o experimentam. Da próxima vez que você se pegar refletindo a respeito das injustiças do mundo, tente se lembrar deste fato básico. Você pode se surpreender ao perceber que pode se livrar da autopiedade e partir para a ação efetiva.

18

CONCEDA-SE O DIREITO AO TÉDIO

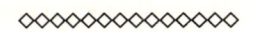

Para muitos de nós, a vida é tão cheia de estímulos, além das responsabilidades, que é quase impossível sentarmos quietinhos sem fazer nada, nem mesmo relaxar – nem que seja por alguns minutos. Um amigo me disse: "As pessoas não são mais seres humanos. São fazeres humanos."

Eu fui exposto pela primeira vez à ideia de que o tédio ocasional pode ser uma coisa boa quando estava estudando com um terapeuta em La Conner, Washington, uma pequena cidade com pouquíssima coisa "a fazer". Depois do primeiro dia de aula, perguntei a meu instrutor: "O que há para se fazer por aqui à noite?" Ele me respondeu: "O que eu gostaria que você fizesse era se conceder o tédio. Fazer nada. É parte de seu treinamento." A princípio pensei que ele estivesse brincando. "Por que cargas d'água eu escolheria o tédio?" Ele me explicou que, se você se concede o direito ao tédio, nem que seja por uma hora – ou menos – e não o combate, os sentimentos de tédio são substituídos por sentimentos de paz. E, depois de algum exercício, você aprende a relaxar.

Para minha surpresa, ele estava absolutamente certo. No início, eu mal conseguia suportar. Estava tão habituado a fazer alguma coisa a cada minuto que realmente tive de fazer força para relaxar. Mas, depois de algum tempo, me acostumei, e desde então aprendi a gostar. Não estou falando de horas de modorra e preguiça, mas simplesmente do aprendizado da arte de relaxar, de "ser" em vez de "fazer", alguns minutos todos os dias. Não há uma técnica específica além de conscientemente não fazer coisa alguma. Fique quieto, talvez olhando através da janela e percebendo seus pensamentos e sentimentos. A princípio, você pode se sentir um pouco ansioso, mas depois, a cada dia, irá se tornando um pouco mais fácil. A gratificação é enorme.

Muita de nossa ansiedade e luta interior advém de nossas mentes ocupadas, hiperativas, sempre em busca de algo que as entretenha, algo que possa servir de objetivo, e sempre se perguntando: "O que acontecerá em seguida?" Enquanto estamos apreciando o jantar, ficamos curiosos em saber o que será a sobremesa. Quando for a vez da sobremesa, estaremos considerando o que virá depois. Quando a noite estiver se encerrando, a pergunta será: "O que faremos no próximo fim de semana?" Quando voltamos de um programa, marchamos para casa e imediatamente ligamos a televisão, pegamos o telefone, abrimos um livro, ou começamos a fazer a limpeza. É como se estivéssemos assustados até mesmo com a ideia de não ter o que fazer por um segundo sequer.

A beleza que existe em não fazer nada é que ela nos ensina a limpar a mente e relaxar. Permite à nossa mente a liberdade de "não saber" por um breve período de tempo. Tal como seu corpo, a mente necessita de um descanso ocasional de sua rotina compacta. Quando você permite à sua mente um descanso, ela ressurge mais forte, aguçada, mais pronta a focalizar e criar.

Quando você se deixa entediar, alivia uma grande carga de pressão: a obrigação de agir e fazer algo a cada segundo de cada santo dia. Agora, quando uma de minhas filhas me diz "Papai, não tenho o que fazer", eu lhe respondo: "Que bom, fique assim por um tempinho. É bom para você." Ao ouvir isso, elas sempre desistem da ideia de que eu posso resolver o problema delas. Você provavelmente nunca pensou que alguém pudesse lhe sugerir que se concedesse o dom do tédio. Acho que para tudo existe a primeira vez!

19

DIMINUA SUA TOLERÂNCIA AO ESTRESSE

◇◇◇◇◇◇◇◇◇◇◇

Parece que em nossa sociedade entendemos tudo ao contrário. Nossa tendência é olhar com admiração para pessoas que vivem sob estresse, que suportam uma carga pesada de estresse, que costumam lidar com grandes pressões. Quando alguém diz "Venho trabalhando demais" ou "Estou realmente estressado", somos ensinados a admirá-lo, e até a imitar seu comportamento. Em meu trabalho como consultor de estresse, costumo ouvir frases cheias de orgulho, como "Eu tenho grande tolerância ao estresse", quase todos os dias. Provavelmente não vai ser surpresa para você saber que, quando essas pessoas vêm me procurar pela primeira vez, o que estão buscando, na maioria dos casos, são estratégias para aumentar o nível de tolerância ao estresse acima do que já conseguem!

Por coincidência, existe em nosso ambiente emocional uma lei inviolável que diz algo assim: Nosso nível presente de estresse corresponderá sempre ao nosso nível de tolerância ao estresse. Você pode reparar que as pessoas que dizem "Eu posso aguentar muito estresse" são normalmente aquelas que suportam um nível alto! De modo que, se você ensinar às pessoas a aumentar sua tolerância ao estresse, é isso que vai acontecer. Elas vão tolerar ainda mais confusão e responsabilidade até que, mais uma vez, seu nível externo de estresse se compatibilize com sua tolerância. Só uma crise de algum tipo pode alertar uma pessoa estressada para sua própria loucura – um cônjuge que sai de casa, um problema físico que surge, um vício que toma conta da vida – algo que ocorre e que faz com que a pessoa procure um novo tipo de estratégia.

Pode soar estranho, mas, se você se inscrevesse nas oficinas habituais para gerências estressadas, tudo o que você aprenderia seria *aumentar* sua tolerância ao estresse. Ao que parece, até os consultores de estresse estão estressados!

O que você deve fazer é verificar seu nível de estresse o quanto antes para evitar que fuja ao seu controle. Quando você sentir sua mente movendo-se com extrema rapidez, é hora de dar uma parada e checar suas necessidades. Quando sua agenda estiver superlotada, é sinal que é hora de dar uma freada e reavaliar o que é importante, em vez de tentar resolver tudo o que está na sua lista de obrigações. Quando você estiver se sentindo descontrolado e ressentido com relação ao que tem para fazer, antes de arregaçar as mangas e ir à luta, a melhor estratégia é relaxar, respirar fundo algumas vezes e sair para dar um pequeno passeio a pé. Você vai descobrir que, quando você se percebe muito estressado – cedo, antes da perda de controle –, seu estresse é como a proverbial bola-de-neve se preparando para descer a colina. Enquanto é pequena, é controlável. Quando ganha volume, no entanto, torna-se difícil, quase impossível, parar.

Não há necessidade de se preocupar com o que ficará por fazer. Quando sua mente está clara e apaziguada e seu nível de estresse reduzido, você se torna mais eficiente e mais apto ao prazer. Quando você diminui sua tolerância ao estresse, descobre que tem menos estresse para dar conta, e muito mais ideias criativas para controlar o estresse que sobrou.

20

UMA VEZ POR SEMANA ESCREVA UMA CARTA SINCERA

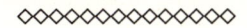

◇◇◇◇◇◇◇◇◇◇◇

Este é um exercício que vem ajudando a mudar muitas vidas, auxiliando pessoas a se tornarem mais pacíficas e amorosas. Dedicar alguns minutos toda semana para escrever uma carta sincera pode ajudá-lo. O simples ato de pegar uma caneta ou batucar num teclado diminui seu ritmo o suficiente para você se lembrar das pessoas legais que existem em sua vida. O ato de sentar para escrever ajuda a encher sua vida de gratidão.

Ao experimentar esse exercício, você vai descobrir quantas pessoas aparecerão em sua lista. Eu tive um cliente que me disse: "Provavelmente não terei semanas suficientes em minha vida para escrever para todo o mundo que coloquei em minha lista." Este pode ou não ser seu caso, mas há grandes possibilidades de haver um número expressivo de pessoas em sua vida, ou em seu passado, que merecem uma carta amigável e sincera. Mesmo que você não tenha pessoas em sua lista para as quais escrever, vá em frente e escreva uma carta para alguém que você não conhece – talvez um autor que pode até estar morto mas cujas obras você admire. Ou para algum inventor, ou pensador do passado ou presente. Parte do valor da carta é levar seus pensamentos rumo à gratidão. Escrever a carta, mesmo que ela jamais seja enviada, servirá para isso.

O propósito da carta é muito simples: expressar amor e gratidão. Não se preocupe se você se sentir esquisito ao escrever cartas. Não se trata de um concurso intelectual, mas de um presente do espírito. Se você não conseguir pensar no que dizer, comece por pequenas anotações como: "Querida Jasmine. Acordei esta manhã pensando como sou sortudo em ter pessoas como você na minha vida. Obrigado por ser minha amiga. Sou realmente abençoado, e desejo a você toda a felicidade e alegria que a vida pode lhe trazer. Todo o amor, Richard."

Escrever e mandar uma cartinha como esta não apenas deslocam sua atenção para o que dá certo em sua vida, mas a pessoa que a recebe, provavelmente ficará extremamente emocionada e grata. É muito comum que uma ação simples como esta inicie uma espiral de ações amorosas, com a pessoa que recebe sua carta sentindo vontade de escrever para alguém que ela conhece, ou se sentindo mais amorosa com relação às pessoas que a cercam. Escreva sua primeira carta esta semana. Tenho certeza de que você ficará feliz ao fazê-lo.

21

IMAGINE-SE EM SEU PRÓPRIO FUNERAL

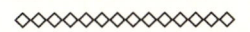

◇◇◇◇◇◇◇◇◇◇◇

Esta estratégia é um pouco assustadora para algumas pessoas, mas é universalmente eficaz à medida que nos lembra do que é realmente importante em nossas vidas.

Quando olhamos em retrospecto, quantos de nós ficamos felizes ao constatar como somos fechados? Quando as pessoas olham para o seu passado, no leito de morte, quase sempre e universalmente gostariam que suas prioridades tivessem sido diferentes. Com raras exceções, as pessoas desejariam não ter feito "tempestade em copo d'água" tantas vezes. Em vez disso, elas sentem que gostariam de ter gasto mais tempo com pessoas e atividades que realmente amavam e menos tempo se preocupando a respeito de aspectos da vida que, se examinados mais profundamente, não têm muita importância. Imaginar-se em seu próprio funeral permite que você olhe em retrospecto a sua vida enquanto ainda tem oportunidades de fazer mudanças expressivas.

Embora possa ser um pouco assustadora ou dolorosa, é uma boa ideia considerar sua própria morte e, no processo, sua vida. Ao fazê-lo, você se lembrará do tipo de pessoa que gostaria de ser e as prioridades que realmente contam. Se você se parecer vagamente comigo, isso servirá como uma espécie de despertador e uma excelente fonte de mudanças.

22
REPITA PARA SI MESMO: "A VIDA NÃO É UMA EMERGÊNCIA"

◇◇◇◇◇◇◇◇◇◇◇◇

De muitas maneiras, esta estratégia sintetiza a mensagem deste livro. Embora muitas pessoas acreditem que não, a verdade é que a vida não é uma emergência.

Tive milhares de clientes ao longo dos anos que tinham tudo, mas negligenciaram suas famílias e descartaram seus sonhos por causa de sua propensão a acreditar que a vida é uma emergência. Eles justificavam seu comportamento neurótico pela crença de que, se não trabalhassem 80 horas por semana, não conseguiriam realizar suas tarefas. Algumas vezes eu os lembro de que, quando morrerem, suas "caixas de entrada" ainda estarão cheias!

Uma cliente que é dona de casa e mãe de três filhos me contou recentemente: "Simplesmente não consigo limpar a casa do jeito que gostaria antes que todos saiam pela manhã." Ela estava tão desgostosa com sua inabilidade em ser perfeita que o médico lhe receitou um antidepressivo. Ela estava agindo (e se sentindo) como se uma arma lhe estivesse sendo apontada para a cabeça e quem a segurava a estivesse obrigando a lavar cada prato e dobrar cada toalha – ou então! Mais uma vez, a presunção silenciosa era que *é uma emergência*! A verdade é que fora ela mesma que criara a pressão que ela estava sofrendo.

Nunca encontrei ninguém (eu inclusive) que não houvesse transformado pequenas coisas em grandes emergências. Levamos nossos objetivos tão a sério que esquecemos de aproveitar a vida, no caminho, e esquecemos de nos poupar de aborrecimentos. Pegamos meras preferências e as transformamos em condições para nossa felicidade. Ou nos punimos se não conseguimos cumprir com as datas-limite que nos impomos. O primeiro passo para se tornar uma pessoa mais pacífica é ter a humildade de admitir que, na maioria dos casos, é você quem está criando suas próprias emergências. A vida continuará se as coisas não saírem conforme foram planejadas. É útil ficar lembrando e repetindo para si mesmo, de vez em quando, a frase "A vida não é uma emergência".

23

EXPERIÊNCIA COM O BICO DE GÁS LÁ DO FUNDO

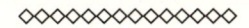

◇◇◇◇◇◇◇◇◇◇◇

Seu bico de gás lá do fundo é uma ferramenta excelente para recordar um fato ou promover um *insight*. É uma maneira eficaz e simples de usar sua mente quando você começa a se sentir estressado. Usar seu bico de gás lá do fundo particular significa permitir à sua mente resolver um problema enquanto você está ocupado fazendo alguma outra coisa no momento presente.

O bico de gás lá do fundo de sua mente funciona da mesma maneira que o bico de gás lá do fundo de seu fogão. Quando está em fogo baixo, o processo de cozimento mistura, refoga e doura, processando os ingredientes numa refeição saborosa. A preparação da comida começa quando colocamos os vários ingredientes na panela, misturamos, e os deixamos cumprindo sua tarefa. Na maioria dos casos, quanto menos você interferir, melhor será o resultado.

De maneira muito semelhante, podemos resolver boa parte dos problemas de nossa vida (graves ou não) ao alimentar o queimador de nossa mente com uma lista de problemas, fatos e variáveis, e suas possíveis soluções. Do mesmo jeito que preparamos uma sopa ou molho, os pensamentos e ideias com que abastecemos o queimador de nossa mente devem cumprir um certo tempo, sozinhos, para cozinhar bem.

Quer você esteja lutando para resolver um problema, quer apenas não se lembre do nome de uma pessoa, o bico de gás lá do fundo está sempre disponível para ajudá-lo. Ele será capaz de colocar à sua disposição uma fonte calma, suave e muitas vezes inteligente de pensamentos prontos a solucionar assuntos para os quais não temos respostas imediatas. O queimador de fundo *não* é uma receita de recusa ou adiamento. Em outras palavras, embora você *queira* pôr os problemas no queimador de fundo, você *não* deseja, na verdade, desligá-lo. O que você quer é ganhar tempo com este problema sem ser obrigado a analisá-lo ativamente. Esta técnica simples vai ajudá-lo a resolver muitos problemas e a reduzir imensamente seu estresse e esforço diário.

24

GASTE UM MINUTO POR DIA PENSANDO EM ALGUÉM A QUEM DEVA AGRADECER

◇◇◇◇◇◇◇◇◇◇◇

Esta estratégia, que leva apenas alguns segundos para ser completada, vem sendo um dos hábitos mais importantes que desenvolvi. Tento me lembrar de começar o meu dia pensando em alguém a quem deva agradecer. Para mim, gratidão e paz interior caminham de mãos dadas. Quanto mais genuinamente grato me sinto pelo dom da vida, mais pacífico eu me sinto. A gratidão vale, portanto, algum exercício.

Se você for ligeiramente parecido comigo, provavelmente tem muitas pessoas em sua vida a quem deve gratidão: amigos, membros da família, pessoas em seu passado, professores, gurus, pessoas de seu ambiente de trabalho, alguém que o ajudou, e muitos outros. Você pode querer agradecer um poder maior pelo dom da própria vida ou pela beleza da natureza.

Quando você pensar numa pessoa a quem agradecer, pense que pode ser qualquer um alguém que permitiu que você passasse num engarrafamento, alguém que manteve a porta aberta para você, um médico que salvou sua vida. Todo o sentido do exercício é fazer convergir sua atenção para a gratidão, de preferência no primeiro momento do dia.

Aprendi há muito tempo que é muito fácil permitir que minha mente escorregue para várias formas de negativismo. Quando isso acontece, a primeira coisa que perco é o senso de gratidão. Começo a achar que as pessoas em minha vida não são nada de mais, e o amor que sinto começa a ser substituído por ressentimento e frustração. O que esse exercício me faz lembrar é que devo manter o foco de minha vida nas coisas boas. Invariavelmente, quando penso em uma pessoa a quem devo gratidão, a imagem de outra surge em minha mente, e outra, e outra. Logo estou pensando em outras coisas às quais devo agradecer – minha saúde, minhas filhas, minha casa, minha carreira, os leitores de meus livros, minha liberdade, e assim por diante.

Pode parecer uma sugestão ridiculamente simples, mas realmente funciona! Se você acordar todas as manhãs com gratidão em seu pensamento, será difícil, quase impossível, não ser invadido por um sentimento de paz.

25

SORRIA PARA ESTRANHOS, OLHE EM SEUS OLHOS E DIGA "OLÁ"

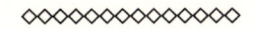

◇◇◇◇◇◇◇◇◇◇◇◇

Você já parou para pensar como evitamos olhar nos olhos os estranhos que encontramos? Por quê? Temos medo deles? O que nos impede de abrir nossos corações a pessoas que não conhecemos?

Eu não tenho as respostas para essas perguntas, mas sei que existe uma relação entre nossa atitude com estranhos e o nível geral de felicidade que experimentamos. Em outras palavras, é raro encontrar uma pessoa que ande por aí cabisbaixa, o cenho franzido, evitando as pessoas, e que seja, ao mesmo tempo, uma pessoa pacífica e cheia de alegria.

Não estou querendo com isso dizer que é melhor ser extrovertido do que tímido, que você deva gastar quantidades extras de energia tentando abrilhantar o dia de outras pessoas, ou que você deva sempre parecer simpático. O que estou sugerindo é que, se você parar para pensar que os estranhos são como você e os tratar não só com gentileza e respeito, mas olhando-os nos olhos, perceberá mudanças em você também. Você começará a ver que a maioria das pessoas é exatamente como você – tem famílias, pessoas a quem amam, problemas, preocupações, gostos, desgostos, medos, e assim por diante. Vai perceber, igualmente, como as pessoas se tornam simpáticas e gentis quando você lhes estende a mão. Quando você percebe como somos todos iguais, entende que somos todos inocentes. Em outras palavras, embora muitas vezes façamos coisas erradas, a maior parte de nós quer fazer o melhor dentro das circunstâncias que o cercam. Perceber a inocência nas pessoas traz um sentimento profundo de felicidade interior.

26

RESERVE PARA SI MOMENTOS TRANQUILOS TODOS OS DIAS

◇◇◇◇◇◇◇◇◇◇◇

Começo a escrever esta estratégia exatamente às 4:30 h, minha hora favorita do dia. Ainda terei uma hora e meia só para mim antes que minha mulher e as crianças saiam da cama e o telefone toque; pelo menos uma hora antes que alguém me peça qualquer coisa. Está absolutamente silencioso lá fora e estou na mais completa solidão. Há algo rejuvenescedor e pacífico neste estar sozinho e com tempo para refletir, trabalhar, ou simplesmente aproveitar a tranquilidade.

Venho trabalhando no controle de estresse por mais ou menos uma década. Ao longo deste tempo, conheci algumas pessoas extraordinárias. Não consigo pensar numa única pessoa a quem considere plena de paz interior e que não procure reservar um tempo mínimo de tranquilidade que seja todos os dias. Quer sejam dez minutos de meditação ou ioga, aproveitar um pouco a natureza, ou trancar a porta do banheiro e tomar um banho de dez minutos, seu tempo de tranquilidade é parte essencial de sua vida. Tal como a experiência temporária de solidão, ajuda a equilibrar o barulho e a confusão que inevitavelmente se infiltram em nosso cotidiano. Pessoalmente, quando consigo esses minutos de tranquilidade, administro melhor o resto do dia. Quando não consigo, sinto a diferença.

Há um pequeno ritual que desenvolvi, e partilhei com alguns amigos. Como a maioria das pessoas, vou e volto dirigindo meu carro quase todos os dias. Quando volto para casa do trabalho e me aproximo da entrada da minha casa, paro o carro. Há um lugar agradável onde gasto pelo menos um minuto apreciando a vista ou fechando os olhos e respirando. Isso faz com que eu diminua meu ritmo e me sinta controlado e grato. Partilhei essa estratégia com dúzias de pessoas que costumavam me dizer que não "tinham tempo para a tranquilidade". Elas costumavam entrar à toda nos caminhos de suas casas com o rádio aos berros em seus ouvidos. Agora, com uma simples alteração em sua rotina, chegam em casa se sentindo muito mais relaxadas.

27

IMAGINE AS PESSOAS EM SUA VIDA COMO CRIANCINHAS OU ADULTOS CENTENÁRIOS

◇◇◇◇◇◇◇◇◇◇◇◇

Aprendi esta técnica há quase vinte anos. Provou-se extremamente útil no alívio dos sentimentos de irritação com relação a outras pessoas.

Pense em alguém que realmente o irrite, alguém que o faça sentir raiva. Agora, feche os olhos e tente imaginar essa pessoa quando era criança. Observe suas feições infantis e seus olhos inocentes. Perceba que os bebês não podem evitar cometer erros e que todos nós fomos, um dia, crianças assim pequenas. Agora, avance os ponteiros do relógio cem anos. Pense nessa mesma pessoa como alguém muito velho, prestes a morrer. Observe seus olhos que já não enxergam, o sorriso doce, que sugere sabedoria, e a percepção de que cometemos erros. Pense que todos nós completaremos cem anos, vivos ou mortos, antes que se passem muitas décadas.

Você pode brincar com essa técnica, alterando-a a seu gosto. Quase sempre ela traz a seu usuário a necessária perspectiva e compaixão. Se seu objetivo é se tornar mais pacífico e amoroso, você certamente não pode abrigar sentimentos negativos com relação a ninguém.

28

TENTE PRIMEIRO ENTENDER

◇◇◇◇◇◇◇◇◇◇◇

Esta técnica é uma adaptação de um dos *Sete hábitos de pessoas muito eficientes* de Stephen Covey. Usar esta estratégia é pegar um atalho para se tornar uma pessoa mais satisfeita (e provavelmente mais eficiente).

"Tentar primeiro entender" implica, essencialmente, que você deve se mostrar mais interessado e compreensivo com relação aos outros do que em que os outros o entendam. Significa entender plenamente a ideia de que, se você quer qualidade ou realizar a comunicação que é tão vital para você e para os outros, entender as outras pessoas deve ser a regra número um. Quando você entende de onde as pessoas vêm, o que estão tentando dizer, o que é importante para elas, e assim por diante, *ser* entendido torna-se uma consequência natural; simplesmente acontece sem nenhum esforço. Quando pretende reverter este processo, no entanto (que é o que a maioria de nós faz a maior parte do tempo), você está colocando o carro adiante dos bois. Quando você tenta *ser* entendido *antes* de entender, o esforço exercido será sentido por você e pela pessoa ou pessoas que você quer atingir. A comunicação se romperá, e você terá em mãos uma batalha entre dois egos.

Trabalhei com um casal que passou os primeiros dez anos de seu casamento frustrado brigando por causa das finanças. Ele não conseguia entender por que ela queria poupar cada centavo que ele ganhava, e ela não conseguia entender como ele podia ser tão gastador. Toda consideração racional por parte de qualquer um dos dois havia se perdido em meio a sua frustração comum. Embora muitos problemas sejam mais complexos do que os desse casal, as soluções podem ser igualmente simples. Nenhum dos dois se sentia compreendido. Eles precisavam aprender a parar de interromper um ao outro, e começar a ouvir com atenção. Em vez de defender suas posições, cada um deles precisava tentar entender primeiro. Foi isso precisamente o que lhes propus. Ele aprendeu que ela poupava para evitar repetir os fracassos financeiros de seus pais. Basicamente, o problema dela era o medo de se arruinar. Ela, por seu turno, aprendeu que ele se sentia envergonhado por não conseguir "cuidar dela" tão bem como seu pai fizera com sua mãe. Essencialmente, o que ele queria era que ela se orgulhasse dele. À medida que eles foram aprendendo a entender um ao outro, sua frustração foi sendo substituída por compaixão. Hoje, eles atingiram um equilíbrio satisfatório entre a poupança e os gastos.

    Tentar entender primeiro não tem muito relação com quem está certo ou errado; é, na verdade, uma filosofia de efetiva comunicação. Quando você praticar essa estratégia, vai reparar que as pessoas com quem se comunica se sentirão ouvidas, apreciadas e entendidas. Isso se traduzirá em relações melhores e mais amorosas.

29
TORNE-SE UM OUVINTE MELHOR

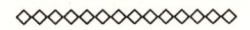

◇◇◇◇◇◇◇◇◇◇◇

Cresci acreditando que era um bom ouvinte. E embora tenha me tornado um ouvinte melhor nos últimos dez anos, tenho que admitir que sou, ainda e apenas, um ouvinte *adequado*.

Ouvir efetivamente é mais do que simplesmente evitar o péssimo hábito de interromper os outros enquanto falam ou terminar as frases por eles. É se sentir feliz ao ouvir *plenamente* o pensamento de outrem, em vez de aguardar, impaciente, sua oportunidade de responder.

De certa maneira, a maneira como falhamos como ouvinte revela muito sobre como vivemos. Frequentemente, tratamos a comunicação como se estivéssemos numa corrida. É como se nosso objetivo fosse não permitir qualquer intervalo entre a conclusão da frase da pessoa com quem estamos falando e o início de nossa frase. Minha mulher e eu estávamos, recentemente, num café, almoçando, de ouvidos sintonizados nas conversas à nossa volta. Parecia que ninguém estava realmente prestando atenção ao que os outros falavam; o que eles faziam era alternar períodos em que um não escutava o que o outro dizia. Perguntei à minha mulher se eu costumava fazer o mesmo. Com um sorriso nos lábios, ela declarou: "Só de vez em quando."

Diminuir seu ritmo de respostas e tornar-se um ouvinte mais aplicado o ajudará a se tornar uma pessoa mais pacífica. Alivia a pressão. Se você pensar a respeito, verificará que dispendemos uma quantidade de energia desmesurada e muito estresse quando ficamos na ponta da cadeira, tentando adivinhar o que a pessoa à nossa frente (ou ao telefone) dirá, para que sejamos os mais ágeis na resposta. Mas, quando você espera que a pessoa com quem está se comunicando acabe, ou simplesmente ouve mais atentamente o que está sendo dito, perceberá que a pressão sobre você se alivia. Você imediatamente se sente mais relaxado, e as pessoas com quem está falando também. Sentem-se seguras diminuindo o ritmo de suas próprias respostas porque sentem que com você não há competição pela pausa de respiração! Tornar-se um ouvinte melhor não só faz de você uma pessoa mais paciente, como também melhora a qualidade de suas relações. Todo mundo adora conversar com alguém que realmente ouve o que se está dizendo.

30
ESCOLHA SUAS BATALHAS COM SABEDORIA

◇◇◇◇◇◇◇◇◇◇◇

Escolha suas batalhas com sabedoria é um ditado popular empregado nas relações entre pais e filhos, mas pode ser igualmente importante quando se trata de viver uma vida satisfatória. Ele sugere que a vida é repleta de oportunidades para que se escolha entre fazer uma tempestade em copo d'água ou simplesmente se deixar rolar considerando que a maioria das coisas não tem muita importância. Se você escolher suas batalhas com sabedoria, será muito mais eficiente no momento de ganhar aquelas que realmente importam.

É certo que haverá ocasiões em que você vai querer e precisar discutir, enfrentar ou até brigar por algo em que acredita. Muitas pessoas, no entanto, discutem, enfrentam e brigam por quase tudo, transformando suas vidas numa série de batalhas em que apenas ninharias estão em jogo. Esse tipo de vida gera tanta frustração de viver que você perde o senso do que é realmente relevante.

O menor desacordo ou mudança em seus planos pode ser uma tempestade caso seu objetivo (consciente ou inconsciente) seja ter todas as coisas trabalhando a seu favor. Para mim, essa é a receita certa para a infelicidade e a frustração.

A verdade é que a vida raramente é o que gostaríamos que fosse, e as pessoas frequentemente não agem da forma que gostaríamos que agissem. Momento a momento, nos deparamos com aspectos da vida de que gostamos, e outros não. Sempre haverá pessoas que discordam de nós, pessoas que agem de maneira diversa, e coisas que simplesmente não funcionam. Se você lutar contra esse princípio da vida, perderá a maior parte do seu tempo com batalhas inúteis.

A maneira mais pacífica de se levar a vida é decidir conscientemente quais as batalhas que valem a pena ser enfrentadas e quais podem dispensar nossa contribuição. Se seu objetivo principal não for ver tudo funcionando perfeitamente em prol de uma vida relativamente sem estresse, você descobrirá que a maioria das batalhas o desvia dos pensamentos mais tranquilos. Será que é realmente importante provar à sua mulher que está certo e ela errada, ou enfrentar alguém porque ele ou ela parece ter cometido um pequeno erro? Será que sua preferência de restaurante ou cinema é suficiente para gerar uma discussão a respeito? Será que o arranhão em seu carro realmente merece um processo no tribunal de pequenas causas? Será que o fato de seu vizinho não estacionar o carro em outro lugar da rua merece ser discutido pela família inteira na hora do jantar? Essas e milhares de outras ninharias ocupam as vidas da maioria das pessoas. Verifique sua própria lista. Se for tal como a minha costumava ser, talvez esteja na hora de você reavaliar suas prioridades.

Se você não quiser "fazer tempestade em copo d'água", é vital que passe a escolher suas batalhas com sabedoria. Se você o fizer, chegará o dia em que não sentirá sequer necessidade de enfrentar qualquer batalha.

31

CONSCIENTIZE-SE DE SEUS HUMORES E NÃO SE DEIXE ENGANAR PELOS SOMBRIOS

◇◇◇◇◇◇◇◇◇◇◇◇

Seus humores podem ser enganosos. Eles podem decepcioná-lo, e é o que normalmente fazem, induzindo você a acreditar que sua vida é bem pior do que de fato é. Quando você está de bom humor, sua vida lhe parece perfeita. Você tem a perspectiva correta, o senso prático, e a sabedoria. Quando você está de bom humor, nada lhe parece pesado, os problemas não parecem assustadores e são até fáceis de resolver. Quando você está de bom humor, as relações parecem fluir e a comunicação brota. Se você for criticado, leva na esportiva.

Quando, ao contrário, você está de mau humor, a vida lhe parece insuportavelmente séria e difícil. Suas perspectivas são ínfimas. Você leva tudo para o lado pessoal e muitas vezes interpreta erroneamente as pessoas à sua volta, imputando a seus atos motivações malignas.

Aqui está a chave para a compreensão: as pessoas não costumam perceber que seus humores são passageiros. Elas gostam de pensar, ao contrário, que suas vidas tornaram-se subitamente piores nos últimos dias, ou horas. É assim que alguém de bom humor pela manhã pode amar sua mulher, seu trabalho e carro. Ele provavelmente será otimista com relação ao futuro e se sente grato pelo passado. Lá pelo meio da tarde, no entanto, se seu humor tornar-se sombrio, ele declarará que odeia seu trabalho, pensando bem sua mulher é uma chata, seu carro uma lata-velha, e sua carreira não vai para lá das pernas. Se alguém lhe perguntar sobre a infância enquanto ele estiver nesse baixo-astral, ele provavelmente vai lhe responder que foi muito difícil. Provavelmente, vai colocar a culpa de seu momento presente em seus pais.

Contrastes tão rápidos e drásticos podem parecer absurdos, até engraçados – mas a verdade é que somos todos assim. Nos baixo-astrais perdemos a perspectiva e tudo nos parece urgente. Esquecemos completamente que, quando estamos de bom humor, tudo nos parece tão melhor. Experimentamos circunstâncias *idênticas* – a pessoa com quem estamos casados, nosso emprego, o carro que dirigimos, nosso potencial, nossa infância – de maneira inteiramente diferente, dependendo de nosso humor! Quando estamos de mau humor, em vez de pôr a culpa em nosso astral momentâneo, como seria correto, tendemos a pensar que nossa vida inteira está errada. É como se acreditássemos, de fato, que nossas vidas se esfacelaram nas últimas duas horas.

A verdade é que, a vida *nunca* é tão ruim quanto parece quando estamos de baixo-astral. Em vez de nos atermos ao mau humor, e nos convencermos de que estamos visualizando a vida de forma realista, temos que aprender a questionar nossa avaliação. Lembre-se: "Claro, estou me sentindo defensivo (ou aborrecido, frustrado, estressado, deprimido); estou de baixo-astral. Sempre me sinto negativo quando estou por baixo." Quando você estiver de mau humor, aprenda a superá-lo desta maneira: como uma condição humana inevitável que *passará* logo, se eu esquecê-la um pouco. Um momento de baixo-astral, não é o momento certo para se analisar a vida. Fazê-lo equivale a um suicídio emocional. Se você tiver um problema legítimo, ele continuará por perto quando seu humor melhorar. O truque é ser grato pelos momentos de bom humor e astucioso naqueles de mau humor – não os levando a sério. Da próxima vez que você se sentir por baixo por qualquer razão, lembre-se: "Isto vai passar." Vai mesmo.

32
A VIDA É UM TESTE. É APENAS UM TESTE

◇◇◇◇◇◇◇◇◇◇◇

Um dos meus dizeres favoritos é o seguinte: "A vida é um teste. É apenas um teste. Se esta vida fosse para valer, você teria sido instruído sobre aonde ir e o que fazer." Todas as vezes que penso nesta frase sábia e humorística, me conscientizo de que não devo levar minha vida tão a sério.

Quando você olha para a vida com seus inúmeros desafios, como se não passasse de um teste, você começa a ver cada problema que enfrenta como uma oportunidade de crescimento, uma oportunidade de treinar boxe em sacos de areia. Mesmo que você tenha sido bombardeado com problemas, responsabilidades, exigências insuperáveis, quando você os encara como parte de um teste, suas possibilidades de ser bem-sucedido superam, e muito, seus desafios. Se, por outro lado, você encara cada novo problema como uma batalha cruenta a ser ganha em nome da sobrevivência, estará se preparando para uma jornada acidentada. Você só se sentirá feliz quando tudo estiver funcionando a contento. E todos sabemos com que rara frequência isso ocorre.

Tente aplicar essa ideia, a título de experiência, a alguma coisa que você seja forçado a enfrentar. Você talvez esteja às voltas com um adolescente difícil ou um patrão excessivamente exigente. Veja se consegue redefinir a questão com que você está lidando de "problema" para simples teste. Em vez de se debater com a questão, veja se existe algo a ser aprendido a partir dela. Faça a seguinte pergunta: "Por que esta dificuldade surgiu em minha vida? O que significaria e o que seria necessário para superá-la? Será que eu poderia encarar esta questão de maneira diferente? Será que posso encará-la como um teste de algum tipo?"

Se você experimentar esta estratégia, ficará surpreso ao se descobrir reagindo diferentemente ao estímulo. Eu, por exemplo, costumava me debater com minha percepção de que não dispunha de tempo suficiente. Costumava correr para lá e para cá tentando dar conta de tudo ao mesmo tempo. Culpava minha agenda, minha família, as circunstâncias, e tudo o que conseguisse, pela minha carência. Então, algo despertou em mim. Se eu quisesse ser feliz, meu objetivo não deveria necessariamente ser organizar minha vida de forma tão perfeita que eu pudesse ter mais tempo, mas, ao contrário, perceber que eu poderia atingir um estágio em que me sentisse bem não tendo alcançado a perfeição. Em outras palavras, meu desafio real era avaliar minha luta como um teste. Perceber esta questão como um teste me ajudou a lidar com uma das minhas maiores frustrações pessoais. Eu ainda luto, aqui e ali, contra minha notória falta de tempo, mas menos do que costumava fazer. Tornou-se bem mais aceitável, para mim, aceitar as coisas como elas são.

33

LOUVAR E CULPAR SÃO A MESMA COISA

◇◇◇◇◇◇◇◇◇◇◇

Uma das lições inevitáveis que a vida proporciona é termos que lidar com a desaprovação dos outros. Pensar que o louvor e a culpa são a mesma coisa é uma maneira esquisita de nos fazer lembrar do velho adágio que diz que ninguém jamais será capaz de agradar a todo mundo ao mesmo tempo. Mesmo numa eleição relativamente fácil em que um candidato assegure sua vitória sobre o outro com 55% dos votos, ele ou ela tem que suportar que 45% da população desejaria que uma outra pessoa fosse vitoriosa. Desnorteador, não?

Nosso índice de aprovação provém de nossa família, amigos e colegas de trabalho, o que significa que não está propenso a aumentar além de certo ponto. A verdade é que todo o mundo tem seu próprio repertório de parâmetros que serve para avaliar a vida, e nossas ideias nem sempre combinam com as de outras pessoas. Por algum motivo, no entanto, a maior parte de nós luta contra um dado inevitável. Nós nos sentimos magoados, feridos e frustrados, de maneira geral, quando as pessoas rejeitam nossas ideias, nos dizem não, ou nos manifestam algum tipo de desaprovação.

Quanto mais cedo aceitarmos o inevitável dilema de que nunca receberemos a aprovação de todo mundo que cruza nossa frente, mais fácil nossas vidas se tornarão. Quando você começar a se preparar para sua cota de desaprovação, em vez de lutar contra o fato, passará a desenvolver uma ferramenta útil para auxiliá-lo em sua jornada. Em vez de se sentir rejeitado pela desaprovação, você pode tentar acionar em sua mente a frase: "Voltou. Tudo bem." Você aprenderá a se mostrar agradavelmente surpreso, até grato, a cada vez que receber o cumprimento que merece.

Há dias em que experimento um pouco de elogios e culpas ao mesmo tempo. Alguém me contrata para falar e alguém mais não quer; um telefonema me traz boas notícias, o outro um novo dado que tenho que contornar. Uma das minhas filhas está feliz com meu comportamento, a outra combate meu modo de ser. Alguém diz que sou um cara legal, outro alguém garante que sou egoísta porque esqueci de retornar sua ligação. Essas idas e vindas, coisas boas e más, as aprovações e as desaprovações são parte da vida de todo mundo. Sou talvez o primeiro, no entanto, a admitir que prefiro lidar com o elogio do que com a desaprovação. Faz-me sentir melhor e é muito mais fácil de aceitar. Quanto mais feliz me torno, no entanto, menos dependente me descubro, em nome do meu bem-estar.

34

PRATIQUE ATOS CARIDOSOS AO ACASO

◇◇◇◇◇◇◇◇◇◇◇◇

Há um adesivo bastante popular atualmente. Está espalhado por carros de todo o país (por sinal, até no meu). Seus dizeres são: "Pratique atos caridosos ao acaso e gestos de beleza sem sentido." Não tenho a menor ideia de quem bolou essa frase, mas nunca vi mensagem mais importante nos carros que circulam por aí. Praticar atos caridosos ao acaso é uma maneira eficaz de entrar em contato com a alegria de dar sem esperar nada em troca. Torna-se melhor ainda quando ninguém fica sabendo do seu ato.

Há cinco pontes com pedágio na área da baía de San Francisco. Há algum tempo, algumas pessoas começaram a pagar o pedágio dos carros que vinham imediatamente atrás deles na fila. Os motoristas chegavam perto da cabine, puxavam a nota de dólar do bolso e eram informados que "seu pedágio foi pago pelo carro da frente". Este é um bom exemplo de presente espontâneo e aleatório, algo que é dado sem esperar nenhuma espécie de retribuição. Dá para imaginar o impacto deste ínfimo presente no motorista do outro carro! Talvez ele até o tenha animado a ser uma pessoa melhor naquele dia. Às vezes um ato isolado de caridade faz disparar uma série de outros atos caridosos.

Não há regras para a prática do ato caridoso ao acaso. Tem que brotar do coração. Seu gesto pode ser recolher o lixo de sua vizinhança, fazer uma contribuição anônima a alguma instituição de caridade, enviar dinheiro num envelope sem identificação para que alguém que esteja passando por uma dificuldade financeira possa respirar um pouco mais aliviado, resgatar um animal levando-o para uma instituição adequada, ou se oferecer para ajudar a alimentar pessoas famintas numa igreja ou asilo. Você pode sentir vontade de fazer essas coisas, e muitas mais. O importante é perceber que doar é bom e não tem que ser, necessariamente, caro.

Talvez a motivação fundamental para a prática da caridade seja o que traz grande alegria para sua vida. Cada ato caridoso premia você com sentimentos positivos e o faz lembrar de aspectos importantes de sua vida – serviço, caridade e amor. Se cada um de nós fizer nossa parte, logo estaremos vivendo num mundo melhor.

35

PROCURE ENXERGAR ALÉM
DO COMPORTAMENTO

◇◇◇◇◇◇◇◇◇◇◇

Você alguma vez se pegou dizendo para alguém: "Não ligue, John, ele não sabia o que estava fazendo?" Se você passou por esta experiência, vivenciou o truísmo "enxergar além do comportamento". Se você tem filhos, sabe muito bem a importância deste simples ato de perdão. Se baseássemos nosso amor no comportamento das crianças, seria muito difícil amá-las. Se o amor fosse baseado puramente no comportamento, nenhum de nós poderia ter sido amado quando éramos adolescentes!

Não seria bom se pudéssemos tentar repassar esta mesma complacência amorosa a todos os que encontramos? Será que não viveríamos num mundo melhor se, quando alguém agisse de uma forma que não aprovássemos, pudéssemos enxergar suas ações sob o mesmo tipo de luz que aplicamos ao comportamento rebelde dos adolescentes?

Isso não quer dizer que devamos enfiar nossa cabeça na areia, fazer de conta que tudo está sempre ótimo, deixar que os outros nos pisem, ou que devamos encontrar desculpas ou aprovação para comportamentos negativos. A proposta é simplesmente procurar dar aos outros o beneplácito da dúvida.

Entender que, se o carteiro está andando devagar, é porque está tendo um dia ruim, ou talvez todos os seus dias sejam ruins.

Quando seu marido ou mulher ou amigo íntimo brigam com você, tente entender que, por trás deste ato isolado, seu ente amado realmente o ama, e quer se sentir amado por você. Procurar enxergar além de um comportamento é muito mais fácil do que possa parecer. Experimente hoje, e você verá e sentirá resultados incríveis.

36

PERCEBA A INOCÊNCIA

◇◇◇◇◇◇◇◇◇◇◇

Para muitas pessoas, um dos dados mais frustrantes da vida é não ser capaz de entender o comportamento do outro. Temos o hábito de vê-lo como "culpado", em vez de "inocente". Temos a tendência de perceber o comportamento aparentemente irracional das pessoas – seus comentários, ações, vingancinhas, egoísmos – e nos sentirmos, por causa dele, frustrados. Se enfatizarmos demais o comportamento dos outros, teremos a impressão de que as pessoas nos fazem sentir péssimos.

Certa vez, no entanto, eu ouvi Wayne Dyer sarcasticamente sugerir numa palestra: "Juntem todas as pessoas que os estão prejudicando e as tragam até aqui. Eu cuidarei delas (como terapeuta), e vocês se sentirão melhor!" A ideia é um absurdo, é óbvio. É verdade que as outras pessoas agem de maneira estranha (quem não?), mas *nós* é que nos chateamos com isso, então somos nós que precisamos mudar. Não estou falando de aceitar, ignorar ou advogar a violência ou qualquer ato marginal. Estou falando, apenas, de aprender a se sentir menos *incomodado* pelas ações das pessoas.

Perceber inocência é uma poderosa ferramenta de transformação. Isso significa que, quando alguém estiver agindo de uma forma que não aprovamos, a melhor estratégia é nos distanciarmos do seu comportamento, procurarmos enxergar "além" para que possamos perceber a inocência na qual o comportamento está se originando. Muito frequentemente, este sutil deslocamento em nosso pensamento tem o condão de nos propulsionar para a compaixão.

Ocasionalmente, me acontece trabalhar com pessoas que me pressionam para andar mais depressa. Com muita frequência, sua técnica para me apressar é tola, insultuosa. Se eu enfatizasse as palavras que elas usam, o tom de suas vozes, e a urgência de suas mensagens, poderia me aborrecer e reagir de forma raivosa. Eu as consideraria "culpadas". Se eu, no entanto, tento me lembrar da urgência que sinto quando sou eu que estou com pressa para fazer alguma coisa, consigo perceber a inocência que existe no comportamento dessas pessoas. Por trás do mais irritante dos comportamentos, há sempre uma pessoa frustrada pedindo compaixão.

Da próxima vez (e espero que sempre daqui para a frente), quando alguém agir de maneira estranha, procure a inocência subjacente a seu comportamento. Se você tiver compaixão, não será difícil percebê-la. Quando você conseguir perceber inocência, as mesmas coisas que tinham o poder de frustrá-lo não mais o conseguirão. E, quando você não mais se frustrar com as ações dos outros, será muito mais fácil sintonizar-se permanentemente com a beleza da vida.

37

ESCOLHA SER GENEROSO, NÃO QUEIRA ESTAR SEMPRE CERTO

◇◇◇◇◇◇◇◇◇◇◇

Como mencionei pela primeira vez na estratégia número 12, temos muitas oportunidades de escolher entre a generosidade e a correção. Você sempre terá chances de apontar aos outros seus erros, coisas que eles poderiam ter feito de maneira diferente, formas de melhorar. Você terá chances de "corrigir" as outras pessoas, particularmente ou na frente de estranhos. Essas serão, na realidade, oportunidades de fazer o outro se sentir mal, e você pior ainda, no processo.

Sem querer entrar nos meandros psicanalíticos da questão, o motivo pelo qual nos sentimos tentados a derrubar os outros, corrigi-los, ou mostrar-lhes o quanto estão errados, e nós certos, é que nosso ego acredita, erroneamente, que, se apontamos os erros dos outros, é porque estamos certos e isso nos faz sentir melhor.

Na realidade, no entanto, se prestássemos atenção aos nossos sentimentos imediatamente após derrubarmos alguém, perceberíamos que nos sentimos muito piores do que antes. Nosso coração, nosso íntimo mais compassivo, sabe perfeitamente que é impossível se sentir bem à custa de alguém.

Por sorte nossa, a verdade é justamente oposta – quando sua meta é ajudar alguém, fazê-lo se sentir bem, partilhar sua alegria, você também amealha as bênçãos desses sentimentos positivos.

Da próxima vez que você tiver a oportunidade de corrigir alguém, mesmo que os dados estejam a seu favor, resista à tentação. Tente, ao invés, se questionar: "O que será que desejo verdadeiramente dessa interação?" Há fortes possibilidades de seu desejo ser uma interação tranquila, em que ambas as partes se sintam bem. A cada vez que você resistir a "estar certo" e escolher a caridade, perceberá uma sensação de paz invadi-lo.

Recentemente, minha mulher e eu estávamos discutindo uma ideia de negócio que funcionou muito bem. Eu estava comentando sobre a "minha" ideia, claramente me creditando todo o sucesso da empreitada! Kris, com seu jeito meigo, me deixou aproveitar toda a glória. Mais tarde, naquele mesmo dia, me lembrei de que a ideia fora dela, não minha. Quando eu a procurei para me desculpar, ela deixou claro que para ela tinha sido um prazer maior partilhar minha alegria do que receber o crédito. Ela me garantiu que apreciara muito mais minha felicidade e que não fazia a menor diferença de quem era a ideia. (Dá para perceber por que é tão fácil gostar dela?)

Não confunda essa estratégia com ser um bobalhão, no entanto, alguém que não luta por suas crenças. Não estou sugerindo que você não deva querer estar certo – apenas que a insistência em querer estar certo frequentemente tem um preço – sua paz interior. Para ser uma pessoa justa, você deve escolher a caridade, e não a correção, na maioria das vezes. A melhor maneira de praticar é experimentar com a próxima pessoa que você encontrar.

38

DIGA A TRÊS PESSOAS (HOJE MESMO) O QUANTO VOCÊ AS AMA

◇◇◇◇◇◇◇◇◇◇◇

O autor Stephen Levine costuma fazer a seguinte pergunta: "Se você tivesse uma hora para viver e pudesse dar um único telefonema, para quem você ligaria, o que diria, e o que você está esperando?" Que mensagem poderosa!

Quem sabe o que nos aguarda? Talvez gostemos de acreditar que viveremos para sempre, ou que "algum dia", finalmente, diremos às pessoas que amamos o quanto as amamos. Quaisquer que sejam as razões, a maioria de nós espera tempo demais.

Quis o destino que eu escrevesse esta estratégia no dia do aniversário de minha avó. Mais tarde, naquele mesmo dia, meu pai e eu estávamos a caminho do túmulo dela. Ela morreu há dois anos. Antes de partir, tornou-se óbvio como era importante para ela que sua família percebesse o quanto nos amava. Foi um bom lembrete, confirmando que não há uma boa razão para esperarmos. O tempo ideal para as pessoas saberem o quanto as amamos é *agora*.

O ideal é dizer isso pessoalmente ou ao telefone. Fico pensando quantas pessoas acolheram telefonemas em que alguém que ligou disse, simplesmente: "Só liguei para dizer o quanto te amo!" Você ficaria surpreso ao saber que não há nada que signifique tanto para uma pessoa. O que você sentiria ao receber essa mensagem?

Se você é tímido demais para dar tal telefonema, escreva uma carta emocionada. De um jeito ou de outro, fazer com que as pessoas saibam o quanto você as ama passará a ser uma rotina de sua vida. Não será um choque constatar que, quando isso acontecer, você estará provavelmente recebendo, como consequência direta, mais amor.

39

PRATIQUE A HUMILDADE

A humildade e a paz interior caminham de mãos dadas. Quanto menos você se sentir compelido a provar alguma coisa para os outros, mais fácil será sentir paz.

Exibir provas de seus atos é uma armadilha perigosa. Exige uma energia considerável apontar continuamente suas realizações contando vantagens ou tentando convencer os outros de seu valor como ser humano. Contar vantagens normalmente dilui os sentimentos positivos que podem emanar de uma realização ou de algo de que você se orgulhe. Para piorar as coisas, quanto mais você se exibe, mais os outros o evitam, falam por trás de sua compulsão de se exibir por causa de sua insegurança, ficam ressentidos.

Ironicamente, no entanto, quanto menos você se importa com a aprovação, mais elogios você atrai. As pessoas se sentem atraídas por pessoas que possuem uma segurança calma, interior, pessoas que não precisam *aparentar* que são boas, ou que estão corretas a maior parte do tempo, ou precisam de glória. Quase todo mundo gosta de pessoas que não precisam se exibir, pessoas que gostam de dividir sinceramente do fundo do coração, e não motivadas pelo ego.

A maneira de desenvolver a genuína humildade é a prática. Sua primeira boa consequência pode ser sentida imediatamente por um desenvolvimento de sentimentos calmos e tranquilos. Da próxima vez que você tiver oportunidade de se vangloriar, resista à tentação. Discuti essa estratégia com um cliente, e ele, por sua vez, compartilhou comigo a seguinte história: ele estava reunido com um grupo de amigos alguns dias após sua promoção no trabalho. Seus amigos ainda não sabiam, mas meu cliente havia sido escolhido para a promoção em detrimento de outro amigo deles. Ele mantinha uma certa competição com essa pessoa, e estava muito tentado a deixar escapulir o dado de que havia sido ele o escolhido, e não o amigo. Ele estava prestes a soltar a língua quando uma vozinha interior o aconselhou: "Pare. Não faça isso!" Ele prosseguiu sua comemoração com os amigos, mas não ultrapassou o sinal e não transformou a comemoração numa exibição. Ele nunca mencionou como o outro amigo não havia sido escolhido. Ele me disse que não se recordava de alguma vez antes ter se sentido tão calmo e orgulhoso de sua atitude. Ele conseguiu aproveitar seu sucesso sem bravatas. Posteriormente, quando seus amigos descobriram o que acontecera, comentaram com ele como haviam ficado impressionados com sua boa avaliação e humildade. Ele recebeu respostas mais positivas e melhor atenção por ter praticado a humildade.

40

QUANDO ESTIVER EM DÚVIDA SOBRE DE QUEM É A VEZ DE RECOLHER O LIXO, VÁ EM FRENTE E RECOLHA

◇◇◇◇◇◇◇◇◇◇◇◇

Se não estivermos atentos, é muito fácil ficarmos ressentidos por causa das responsabilidades da vida diária. Certa vez, motivado por humores sombrios, verifiquei que, num dia normal, costumo fazer cerca de mil coisas diferentes. É claro que, quando estou com um humor mais razoável, chego a um número significativamente mais reduzido.

Quando penso nisso, sempre me espanto como é fácil lembrar de todas as tarefas que desempenho, bem como de todas as responsabilidades que assumo. Do mesmo modo, é bem fácil esquecer de todas as inúmeras coisas que minha mulher faz todos os dias. Que conveniente, não?

É de fato muito difícil se tornar uma pessoa feliz quando você anota todas as coisas que faz. Essa enumeração só serve para desencorajá-lo e atravancar sua mente com dados como quem está fazendo o quê, quem faz mais, e assim por diante. Se você quiser saber a verdade, essa maneira de fazer as coisas é a epítome do "copo d'água". Sua vida será bem melhor se você perceber que fez a sua parte e que alguém mais, em sua família, tem uma coisa a menos a fazer do que se ficar preocupado e discutindo sobre de quem é a vez de recolher o lixo.

O argumento mais contundente contra esta estratégia é a noção de que alguém pode se aproveitar de você. Este erro é parecido com a crença de que é importante estar sempre certo. Na maioria das vezes não é importante que você esteja certo, nem tem importância se você recolher o lixo mais vezes do que seu marido ou mulher, ou companheiro de casa. Fazer com que coisas como o lixo se tornem menos relevantes em sua vida contribuirá, sem dúvida, para liberar mais tempo e energia para as coisas que realmente importam.

41

EVITE A IMPERMEABILIZAÇÃO

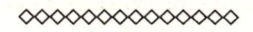

◇◇◇◇◇◇◇◇◇◇◇

A associação de impermeabilização com possibilidade de uma vida pacífica é metáfora para explicar uma de nossas atitudes mais neuróticas e pouco gratificantes. Foi ideia do dr. George Pransky, um amigo meu.

Da mesma maneira que podemos impermeabilizar uma casa para o inverno procurando por rachaduras, vazamentos e imperfeições, também podemos impermeabilizar nossas relações, e até nossas vidas, fazendo o mesmo. Impermeabilizar significa, essencialmente, que você está à procura de rachaduras e falhas em sua vida, e tentando consertá-las, ou pelo menos tentando mostrá-las para os outros. Essa tendência não só o afasta das pessoas, como o faz sentir-se mal. Ela o incentiva a pensar no que está *errado* com tudo e todos – o que você *não* está gostando. Então, em vez de levá-lo a apreciar suas relações e vida, a impermeabilização o leva a encarar a vida como algo que não é perfeito. Nada é tão bom como deveria ser.

Em nossas relações, a impermeabilização age tipicamente da seguinte forma: você conhece alguém e está tudo bem. Você se sente atraído ou atraída por sua aparência, personalidade, intelecto, senso de humor, ou alguma combinação desses traços. De início, você não só aprova as diferenças, como as aprecia verdadeiramente.

Você talvez até tenha se sentido atraído por esta pessoa em boa parte por causa dessas diferenças. Vocês têm opiniões diversas, como diversos são suas preferências, gostos e prioridades.

Depois de algum tempo, no entanto, você começa a notar deficiências de seu companheiro (ou amiga, professor, quem quer que seja) que poderiam ser melhoradas. Você chama a atenção dele ou dela para o fato. Você pode dizer algo como: "Sabe, você tem uma certa tendência a chegar atrasado." Ou, então: "Já percebi que você não é chegado a uma leitura." O que importa é que você faz disparar um processo que inevitavelmente se transformará numa forma de levar a vida – procurar e pensar a respeito do que você *não gosta* em alguém, algo que não é tão perfeito assim.

É claro que um comentário ocasional, a crítica construtiva, ou a orientação adequada não são casos para alarme. Gostaria de ressaltar, no entanto, que, no curso de meu trabalho com milhares de casais ao longo de anos, encontrei poucas pessoas que não tenham passado por essa "impermeabilização" por parte de seus companheiros. Comentários sem maldade acabam se tornando uma tendência insidiosa na maneira de olhar a vida.

Quando você está impermeabilizando outro ser humano, pense que o comportamento não lança luz alguma sobre ele – mas define você como alguém que tem a necessidade de criticar.

Quer você tenha a tendência de impermeabilizar suas relações ou determinados aspectos de sua vida, ou ambos, o que você precisa é se conscientizar de quão terrível este hábito é. Quando perceber que o hábito domina seu pensamento, controle-se e sele seus lábios. Quanto menos você impermeabilizar seu companheiro ou amigos, mais você terá oportunidades de perceber como a vida é realmente maravilhosa.

42
GASTE UM MOMENTO TODO DIA PENSANDO EM ALGUÉM QUE DEVA AMAR

◇◇◇◇◇◇◇◇◇◇◇

Em páginas anteriores deste livro, apresentei a ideia de que devemos gastar um minuto todos os dias pensando a quem podemos agradecer. Outra excelente fonte de gratidão e paz interior é gastar um momento todos os dias pensando em alguém a quem devemos amar. Lembra-se do velho ditado "Deus ajuda quem cedo madruga"? O equivalente com amor é: "Pensar em alguém a quem amamos todos os dias ajuda!"

Passei a optar conscientemente por pensar em pessoas a quem devo amar quando me dei conta de quantas vezes eu me pegava fazendo o oposto – pensando em pessoas que me irritam. Minha mente focalizava um comportamento negativo ou estranho, e em segundos eu me sentia pleno de negatividade. Uma vez feita a decisão consciente, no entanto, ou seja, passar a gastar um momento, todas as manhãs, com pensamentos amorosos, minha atenção voltou-se para o lado positivo da vida, não só com relação àquela pessoa, mas em geral durante todo o dia. Não quero com isso sugerir que nunca mais me irritei, mas que, sem dúvida, tal fato passou a acontecer com menos frequência do que anteriormente. Credito a esse exercício boa parte da minha "melhora".

Todas as manhãs quando acordo, fecho meus olhos e respiro fundo repetidas vezes. Faço, então, a pergunta: "Quem devo amar, hoje?" Imediatamente, a imagem de alguém surge em minha mente – um membro da família, alguém com quem trabalho, um vizinho, alguém do passado, até um estranho com quem esbarrei na rua. Para mim, não faz realmente diferença quem seja porque a ideia é focalizar minha mente na direção do amor. Uma vez identificada a pessoa para a qual vou dirigir meu amor, simplesmente lhe desejo um dia repleto de amor. Posso dizer para mim mesmo algo como: "Espero que você tenha um dia maravilhoso, repleto de amor e carinho." Quando termino, em segundos, geralmente percebo que meu coração está pronto para começar o dia. De alguma forma mística, que não consigo explicar, esses segundos se prolongam em minha mente por muitas horas. Se você conseguir experimentar esse exercício, você terá um dia mais pacífico.

43
SEJA UM ANTROPÓLOGO

◇◇◇◇◇◇◇◇◇◇

A antropologia é uma ciência que lida com o homem e suas origens. Nessa estratégia, no entanto, eu convenientemente redefino o objeto da antropologia como "o interesse, sem preconceito, no modo como as pessoas escolhem viver e se comportar". Essa estratégia é voltada para o desenvolvimento de sua compaixão, bem como para as formas de se tornar mais paciente. Acima de tudo, no entanto, o interesse no modo como as pessoas agem é uma forma de se substituir julgamentos por amor verdadeiro. Quando você se torna genuinamente interessado no modo como as pessoas reagem ou sentem a respeito de alguma coisa, é improvável que você se sinta, ao mesmo tempo, aborrecido. Desta maneira, ser um antropólogo é um bom caminho para nos tornarmos menos frustrados pelas ações dos outros.

Quando alguém age de um modo que lhe parece estranho, em vez de reagir de sua forma habitual, com atitudes como: "Não posso acreditar que estejam fazendo isso", tente dizer para si mesmo algo como: "Este deve ser o jeito que ela vê as coisas em seu mundo. Muito interessante." Para que essa estratégia lhe possa ajudar, no entanto, ela tem que ser tentada com convicção. Há uma fronteira estreita separando o estar "interessado" do "ser arrogante", ou seja, acreditar, em seu íntimo, que o seu jeito de fazer as coisas é melhor.

Estive recentemente num shopping local com minha filha de seis anos. Um grupo de roqueiros punks passou por nós com seus cabelos espetados cor de laranja e tatuagens espalhadas por quase todo o corpo. Minha filha imediatamente me perguntou: "Papai, por que eles estão vestidos assim? São roupas típicas?" Há muitos anos eu teria proferido algum julgamento a respeito desses jovens, revelando minha frustração – como se o jeito deles fosse errado e o meu, conservador, o correto. Eu teria cuspido alguma explicação cheia de preconceitos e passado para ela meus pensamentos. Fazer de conta que sou um antropólogo, no entanto, mudou bastante minha perspectiva; abrandou minhas reações. Respondi para ela: "Não tenho certeza, mas é interessante como todos somos diferentes, não é?" Ela respondeu: "É, mas gosto mais do meu cabelo." Em vez de ponderar sobre o comportamento dos outros e gastar nossa energia, esgotamos o assunto e continuamos a aproveitar nosso tempo.

Quando você se interessa pela perspectiva dos outros, não quer dizer, nem de leve, que você os esteja endossando. Eu certamente não escolheria um modo de vida punk ou o sugeriria para quem quer que fosse. Ao mesmo tempo, no entanto, não é minha função julgá-los. Uma das regras básicas para a vida feliz é pensar que julgar os outros consome grande energia e, sem exceção, o desvia do caminho que você gostaria de trilhar.

44

ENTENDA REALIDADES DIFERENTES

◇◇◇◇◇◇◇◇◇◇◇

Uma vez que estamos abordando o tema do interesse pela maneira de agir alheia, vamos aproveitar para discutir realidades diferentes também.

Se você já viajou para outros países ou os viu retratados no cinema, já se deu conta das enormes diferenças que existem entre as diversas culturas. O princípio das realidades diferentes prova que as diferenças existentes entre indivíduos são igualmente enormes. Da mesma forma que não esperamos que pessoas de culturas diversas da nossa vejam ou façam as coisas como nós as faríamos (na verdade, até ficaríamos desapontados caso elas fizessem), este princípio nos fala que as diferenças individuais na maneira de ver o mundo devem ser respeitadas. Não é simplesmente o esforço de tolerar diferenças, mas o entendimento real e a constatação do fato de que é impossível de outro modo.

Já vi a aceitação desse princípio mudar vidas. Pode virtualmente eliminar a possibilidade de brigas. Quando ficamos propensos a ver as coisas diferentemente, quando nos asseguramos de que os outros farão coisas de forma diversa e reagirão diversamente aos mesmos estímulos, a compaixão que sentimos por nós mesmos e pelos outros aumenta consideravelmente. Do momento que nossa expectativa é inversa, no entanto, o potencial para o conflito se instala.

Eu os aconselho a considerar com profundidade e respeito o fato de que somos todos diferentes. Quando vocês o fizerem, o amor que sentem pelos outros, bem como a apreciação pela sua própria individualidade, crescerá.

45

DESENVOLVA SEUS PRÓPRIOS
RITUAIS DE AJUDA

◇◇◇◇◇◇◇◇◇◇◇

Se você quer que sua vida seja pacífica e boa, será muito útil tentar se empenhar em fazer coisas boas e pacíficas. Uma de minhas maneiras favoritas de desenvolver essas qualidades é praticando meus próprios rituais de ajuda. Esses pequenos atos de caridade são oportunidades de serviço e lembretes de como é bom se sentir caridoso e gentil.

Vivemos numa área rural da região da baía de San Francisco. Somos cercados, portanto, basicamente pela natureza em sua beleza. Uma das exceções nesse quadro de beleza é o lixo que algumas pessoas jogam das janelas de seus carros quando estão viajando através das estradas. Um dos poucos problemas de se viver longe do grande centro é que os serviços públicos, entre eles a coleta do lixo, são menos assíduos do que nas proximidades da cidade.

Um dos rituais de ajuda que pratico com regularidade com minhas duas filhas é recolher o lixo da área em volta de nossa casa. Nós nos acostumamos tanto a fazer isso que minhas filhas chamam nossa atenção, com frequência, com suas vozinhas animadas: "Tem lixo, papai, pare o carro!" E, se temos tempo, paramos e o recolhemos. Pode parecer estranho, mas sentimos real prazer nisso. Pegamos lixo em parques, calçadas, qualquer lugar. Certa vez vimos um estranho catando lixo próximo de nossa casa. Ele sorriu para mim e disse: "Eu vi você fazendo isso, e achei uma boa ideia."

Catar lixo é apenas uma das muitas possibilidades de rituais de ajuda. Você pode preferir segurar a porta para que os outros passem, visitar pessoas solitárias em asilos, ou tirar neve da entrada da casa de alguém. Pense em algo que pareça fácil, e, ajude. Será divertido, pessoalmente gratificante, e dará o bom exemplo. Todo mundo sai ganhando.

46

TODOS OS DIAS ELOGIE EM PELO MENOS UMA PESSOA ALGO QUE VOCÊ GOSTA, ADMIRA OU APRECIA NELA

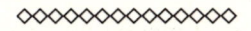

◇◇◇◇◇◇◇◇◇◇◇◇

Qual é a frequência com que você se lembra de (ou gasta seu tempo em) dizer a alguém o quanto você o ama, admira ou aprecia? Para muitas pessoas, nunca será o suficiente. De fato, quando pergunto às pessoas com que frequência elas *recebem* cumprimentos afetuosos, ouço respostas como: "Não consigo me lembrar da última vez em que recebi um cumprimento", "Quase nunca", ou, tristemente, "Nunca recebo".

Há muitas razões pelas quais não expressamos verbalmente nossos sentimentos positivos a respeito das pessoas. Ouvi desculpas como: "Eles não precisam me ouvir dizer isso – já sabem", ou "Eu realmente a admiro, mas fico envergonhado de dizer". Mas quando você pergunta às pessoas que receberiam os cumprimentos se elas gostariam de receber elogios genuínos ou algum tipo de reação positiva, a resposta, nove em dez vezes, é "Adoraria". Quer sua razão para *não* expressar elogios regularmente seja não saber o que dizer, vergonha, sentimento que os outros já sabem seu potencial e não precisam que ninguém lhes diga, ou simplesmente não ter o hábito de fazê-lo, está na hora de mudar.

Dizer a alguém algo que você ama, admira ou aprecia nele é um "ato de caridade ao acaso". Não exige quase nenhum esforço (você logo se acostuma), e rende enormes dividendos. Muitas pessoas gastam suas vidas inteiras desejando que outras pessoas as percebam. Elas sentem isso especialmente com relação a parentes, esposas, crianças, e amigos. Mas até elogios de estranhos nos soam bem se forem legítimos. Fazer com que a outra pessoa saiba como você se sente a seu respeito é bom para quem está fazendo o elogio também. É um gesto de amor e caridade. Significa que seus pensamentos estão sintonizados com o que existe de bom no alheio. E quando seus pensamentos estão voltados para uma direção positiva, seus sentimentos tornam-se pacíficos.

Outro dia, eu estava num mercadinho e presenciei uma incrível exibição de paciência.

A caixa tinha sido desancada por um freguês irritado, claramente sem razão. Em vez de reagir, ela diluiu a irritação do outro permanecendo calma. Quando chegou a minha vez de pagar, eu disse a ela: "Fiquei impressionado com a sua maneira de lidar com o freguês." Ela me olhou bem nos olhos e respondeu, "Obrigada, senhor. Sabia que é a primeira pessoa que me elogia nesta loja?" Foram dois segundos de elogio e um ponto alto do dia dela, e do meu.

47

LUTE POR SUAS LIMITAÇÕES E ELAS FARÃO PARTE DE VOCÊ

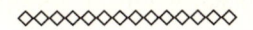

◇◇◇◇◇◇◇◇◇◇◇

Muitas pessoas gastam boa parte de sua energia lutando por suas limitações: "Não consigo fazer", "Não vai dar, sempre fui assim", "Nunca terei uma relação amorosa", e inúmeras outras afirmativas negativas e desencorajadoras.

Nossas mentes são instrumentos poderosos. Quando decidimos que algo é verdadeiro ou acima de nossas possibilidades, é muito difícil transpormos essa barreira autoimposta. Quando lutamos para manter determinada posição, torna-se impossível alterá-la. Suponha, por exemplo, que você diga: "Não sei escrever." Você logo tratará de encontrar exemplos que provem sua posição. Num instante você vai lembrar de suas medíocres redações de colégio, ou trazer à recordação como você se sentiu esquisito da última vez que sentou para escrever uma carta. Você encherá sua mente de limitações que vão impedi-lo de sequer tentar mudar o quadro. Para se tornar um escritor ou qualquer outra coisa, o primeiro passo é silenciar o maior de todos os críticos – você mesmo.

Tive uma cliente que me disse: "Nunca terei uma boa relação. Eu sempre estrago tudo." Ela tinha razão, é claro. Todas as vezes que ela conhecia alguém, criava, inconscientemente, as razões pelas quais seu companheiro a deixaria. Se chegasse atrasada, ia logo garantindo: "Sempre chego atrasada." Se eles tinham um desentendimento, ia logo dizendo: "Estou sempre brigando." Mais cedo ou mais tarde, ela convencia o parceiro de que não merecia seu amor. Então, ela concluía: "Vê, acontece todas as vezes. Nunca terei uma boa relação."

Ela teve que aprender a parar de esperar o pior. Ela teve de se "controlar" quando se pegava no ato de lutar por suas limitações. Quando ela começava a dizer "Sempre faço isso", ela teve que aprender a se policiar para dizer: "Isso é ridículo. Eu não faço *sempre* coisa alguma." Ela teve que perceber que lutar por suas limitações era apenas um hábito negativo que poderia ser facilmente substituído por outro, positivo. Hoje em dia, ela está muito melhor. Quando ela se pega revertendo ao antigo hábito, explode numa gargalhada.

Aprendi que, sempre que lutamos por nossas limitações, não nos desapontamos. Elas se integram a nós. Acho que o mesmo acontece com vocês.

48

LEMBRE-SE DE QUE TUDO TEM AS IMPRESSÕES DIGITAIS DE DEUS

◇◇◇◇◇◇◇◇◇◇◇◇

O rabino Harold Kushner nos recorda de que tudo que Deus criou é potencialmente sagrado. Nossa tarefa como seres humanos é encontrar o sagrado em situações que aparentam ser pouco sagradas. Ele sugere que, quando aprendemos a fazer isso, aprendemos a nutrir nossas almas. É fácil ver a beleza de Deus num pôr de sol magnífico, numa montanha encimada por neve, no sorriso de uma criança saudável, ou em ondas do mar batendo na areia de uma praia. Mas será que sabemos ver o sagrado em circunstâncias aparentemente feias – lições difíceis da vida, tragédias familiares, na luta pela vida?

Quando nossas vidas se enchem do desejo de ver o sagrado nas coisas de todos os dias, algo mágico acontece. Um sentimento de paz nos invade. Começamos a ver os aspectos enriquecedores da vida cotidiana, que antes estavam escondidos. Quando nos lembramos de que tudo traz as impressões digitais de Deus, isso é o suficiente para tornar tudo especial. Se nos recordamos deste fato espiritual quando estamos lidando com uma pessoa difícil ou lutando para pagar nossas contas, nossa perspectiva se amplia. É sempre útil lembrar que Deus também criou a pessoa com quem você está lidando ou que, embora você esteja lutando para pagar suas contas, você é realmente abençoado por ter tudo o que tem.

Em algum lugar, no fundo de sua mente, tente sempre lembrar que tudo tem as impressões de Deus estampadas. O fato de não conseguirmos ver beleza em algo não quer dizer que ela não exista. O que talvez esteja acontecendo é que não estamos olhando com tanto cuidado ou com a perspectiva ampla que deveríamos.

49

RESISTA À NECESSIDADE DE CRITICAR

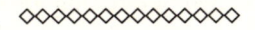

◇◇◇◇◇◇◇◇◇◇◇

Quando julgamos ou criticamos outra pessoa, não são os seus defeitos que estamos denunciando, mas o nosso: a nossa necessidade de sermos críticos.

Se você costuma ir a encontros e ouvir críticas que normalmente são levantadas em relação ao comportamento de outros, e depois vai para casa e pensa a respeito do bem que essa crítica fará para a tentativa de tornarmos este mundo um lugar melhor, provavelmente chegará à mesma conclusão que eu: Zero! Nenhum bem. E não é só isso. A crítica não só não resolve nada, como contribui para a irritação e a desconfiança em relação ao nosso mundo. Afinal, ninguém de nós gosta de ser criticado. Nossa reação normal à crítica é nos tornarmos defensivos ou desencorajados. Uma pessoa que se sinta atacada normalmente tem duas reações: ou retrocederá, por medo ou vergonha, ou atacará e irromperá em raiva. Quantas vezes você criticou alguém e ouviu a seguinte resposta: "Muito obrigado por apontar minhas falhas, eu realmente apreciei sua contribuição."

A crítica, como o xingamento, nada mais é que um péssimo hábito. É algo que nos acostumamos a fazer; somos íntimos da sensação. É algo que nos mantém ocupados e nos fornece assunto para conversas.

Se, no entanto, você ocupar um minuto observando de como realmente se sente logo após criticar alguém, perceberá que fica um pouco abatido e envergonhado, um pouco como se fosse você a pessoa atacada. O motivo dessa sensação é que, ao criticarmos, fazemos uma declaração para o mundo e para nós mesmos: "Preciso ser crítico." Não é algo que tenhamos orgulho em admitir. A solução é perceber o momento em que estamos sendo críticos. Perceba quantas vezes você costuma ser crítico e como se sente mal. O que eu gosto de fazer é transformar tudo num jogo. Eu ainda me pego no ato de ser crítico, mas, quando sinto o sentimento crítico aflorando, tento me lembrar dizendo: "Aí vou eu de novo." Por sorte, consigo transformar, na maioria das vezes, minha crítica em tolerância.

50

ESCREVA SUAS POSIÇÕES MAIS IRREDUTÍVEIS E VEJA SE CONSEGUE ABRANDÁ-LAS

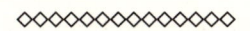

◊◊◊◊◊◊◊◊◊◊◊

A primeira vez que experimentei essa estratégia, estava tão irredutível que insisti em que não *estava* irredutível! Ao longo do tempo, à medida que fui trabalhando na intenção de me tornar uma pessoa mais branda, fui descobrindo que era cada vez mais fácil ver onde eu estava sendo irredutível.

Aqui vão alguns exemplos colhidos entre meus clientes: "As pessoas que não são estressadas são preguiçosas"; "Meu jeito é o único jeito"; "Os homens são péssimos ouvintes"; "As mulheres são gastadeiras"; "As pessoas que trabalham com negócios só pensam em dinheiro". Como vocês podem ver, essa lista é potencialmente infinita. O importante, aqui, não é em que você é irredutível, mas o fato de você se apegar tanto a uma ideia sua.

Abrandar suas posições não o tornará mais fraco. Ao contrário, o fortalecerá. Eu tinha um cliente que insistia, ao ponto da irritação, que sua mulher gastava dinheiro demais. À medida que foi relaxando, e começou a perceber sua rigidez, ele descobriu, também, algo que agora o deixa envergonhado e o faz rir. Ele descobriu que, na realidade, ele gasta *mais* dinheiro com ele mesmo do que a mulher gasta com ela! A objetividade dele vinha sendo obliterada pela sua própria rigidez.

À medida que ele se tornou mais sábio e gentil, seu casamento melhorou imensamente. Em vez de se ressentir de sua mulher por algo que ela sequer estava fazendo, ele agora aprecia seu controle. Ela, por sua vez, percebe a nova aceitação e apreço por parte dele, e o ama ainda mais.

51

SÓ PARA SE DIVERTIR, ACEITE A CRÍTICA DIRIGIDA A VOCÊ (E PERCEBA QUE ELA SE DILUI)

◇◇◇◇◇◇◇◇◇◇◇

Somos tantas vezes imobilizados pela mínima crítica. Nós a tratamos como uma emergência, e nos defendemos como se estivéssemos numa batalha. Na verdade, a crítica nada mais é do que uma observação que alguém faz sobre nós, nossos atos, ou sobre o modo como pensamos que não corresponde à visão que temos de nós mesmos. Grande coisa!

Quando reagimos à crítica com uma resposta brusca, dói. Nós nos sentimos atacados, e precisamos nos defender ou contracriticar. Enchemos nossa mente com pensamentos rancorosos ou dolorosos dirigidos a nós mesmos ou à pessoa que está nos criticando. Toda essa reação exige uma quantidade incrível de energia mental.

Um exercício muito útil é concordar com a crítica que lhe é dirigida. Não estou dizendo que você se transforme num capacho ou destrua sua autoestima acreditando em toda a negatividade que vem em sua direção. Só estou sugerindo que há ocasiões em que concordar, pura e simplesmente, com a crítica dilui a situação, satisfaz o desejo da outra pessoa de expressar seu ponto de vista, oferece a você uma oportunidade de aprendizado sobre si mesmo ao verificar que há uma certa verdade na posição do outro, e, talvez o mais importante, lhe dá uma chance de permanecer tranquilo.

Uma das primeiras vezes em que conscientemente concordei com uma crítica que me foi dirigida foi há muitos anos quando minha mulher comentou: "Você às vezes fala demais." Lembro-me de ter me sentido momentaneamente magoado antes de me decidir a concordar. Eu retruquei: "Você está certa, eu falo mesmo demais às vezes." Descobri, então, algo que mudou minha vida. Ao concordar com ela, percebi que estava certa. Eu realmente falo muito! E o que é melhor, ao concordar, minha reação não defensiva deixou-a à vontade. Alguns minutos depois, ela completou: "Sabe, você é uma pessoa fácil de se lidar." Duvido que ela tivesse dito isso se eu tivesse me aborrecido com sua observação. Aprendi, desde então, que reagir a uma crítica nunca faz com que a crítica se dilua. Na verdade, reações negativas à crítica convencem a pessoa que a está fazendo de que ela tem razão a seu respeito.

Tente essa estratégia. Você descobrirá que aceitar a crítica ocasional pode ter muito mais valor do que parece.

52
PROCURE A VERDADE NA OPINIÃO DOS OUTROS

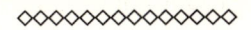

◇◇◇◇◇◇◇◇◇◇◇

Se você gosta de aprender tanto quanto de fazer as outras pessoas felizes, vai adorar essa ideia.

Quase todo mundo acha que suas próprias ideias são boas, do contrário não as partilharia. Uma das coisas destrutivas que muitos de nós fazemos, no entanto, é comparar a opinião de alguém com a nossa. E, quando não combina com o que acreditamos, ou a descartamos ou procuramos encontrar seu erro. Nós nos sentimos péssimos, a outra pessoa se sente diminuída, e não aprendemos nada.

Toda opinião tem seu mérito, especialmente se nós estivermos procurando por méritos, e não por erros. Da próxima vez que alguém lhe der uma opinião, em vez de julgá-la ou criticá-la, tente encontrar o que nela existe de verdade.

Se você pensar bem a respeito, quando julga alguém ou sua opinião, tal atitude não diz muito a respeito dessa outra pessoa, mas diz quase tudo sobre sua necessidade de ser juiz.

Eu ainda me pego criticando o ponto de vista de outros, mas bem menos do que costumava fazer. O que mudou, na realidade, foi meu empenho em encontrar a verdade na posição dos outros. Se você praticar essa estratégia simples, descobrirá que algumas coisas incríveis podem acontecer: Você começará a entender aqueles que interagem com você, outras pessoas se sentirão atraídas por sua energia acolhedora e amorosa, sua curva de aprendizado alargará e, provavelmente o que é mais importante, você se sentirá muito melhor.

53

VEJA O VIDRO COMO SE JÁ ESTIVESSE PARTIDO (E TODO O RESTO TAMBÉM)

◇◇◇◇◇◇◇◇◇◇◇

Este é um ensinamento budista que aprendi há cerca de 20 anos. Foi ele que me possibilitou, a cada passo, a perspectiva necessária para me guiar na direção da aceitação do meu eu.

A essência desse ensinamento é que tudo na vida está em constante movimento. Tudo tem um começo e um fim. Toda a árvore começa numa semente e voltará, eventualmente, à terra. Toda a rocha é formada e toda a rocha se esvairá. Em nosso mundo moderno, isso quer dizer que todo o carro, toda a máquina, cada peça de roupa criada, tudo envelhecerá e será farrapo; é só uma questão de tempo. Nossos corpos nascem e morrerão. O vidro é soprado e eventualmente se quebrará.

Este é um ensinamento de paz. Quando você espera que algo se quebre, não fica nem surpreso, nem desapontado quando isso acontece. Em vez de ficar imobilizado quando algo é destruído, você se sente agradecido pelo tempo que esse processo levou.

A maneira mais fácil de começar é pelo que é mais simples, um copo de água, por exemplo. Pegue seu copo favorito. Olhe para ele longamente e aprecie a sua beleza e tudo o que ele representa. Agora, imagine o mesmo copo quebrado, cacos espalhados pelo chão. Tente manter a perspectiva que, com o tempo, ele eventualmente desintegrará e voltará à sua forma inicial.

É claro que ninguém quer que seu copo favorito, ou qualquer outra coisa, se quebre. Esta filosofia não é uma receita para que sejamos mais passivos ou apáticos, mas para que sejamos mais pacíficos com a maneira das coisas serem. Quando seu copo de água eventualmente quebrar, essa filosofia permitirá que você mantenha sua perspectiva. Em vez de pensar "Oh, meu Deus", você se pegará pensando "Ah, aí vai". Jogue com este tipo de sensação de alerta e você se perceberá não só mantendo a calma, como apreciando a vida mais do que antes.

54

ENTENDA A EXPRESSÃO "PARA ONDE VOCÊ VAI, É LÁ QUE VOCÊ ESTÁ"

◇◇◇◇◇◇◇◇◇◇◇

Esta é a ideia contida no título de um livro de Jon Kabat-Zinn. Como o título sugere, para onde quer que você vá, leve-se junto! O significado desse ditado é que você deve parar de desejar constantemente que você estivesse em outro lugar. Nós temos tendência a nos imaginar em outro lugar – em férias, com outro companheiro, uma carreira diferente, uma casa diversa, uma circunstância especial –, desta maneira, acreditamos, estaríamos mais felizes e contentes. Não estaríamos!

A verdade é que, se você tiver hábitos mentais destrutivos – se costuma se aborrecer ou se incomodar facilmente, se se sente irritado ou frustrado a maior parte do tempo, ou se está constantemente desejando que as coisas sejam diferentes, essas tendências o seguirão, idênticas, para onde quer que você vá. E o inverso é verdadeiro igualmente. Se você é normalmente uma pessoa satisfeita que dificilmente se aborrece ou se irrita, pode mudar de lugar para lugar, de pessoa para pessoa, com um reduzido impacto negativo.

Certa vez alguém me perguntou: "Como são as pessoas na Califórnia?" Eu respondi: "Como são as pessoas em seu estado natal?" Ele retrucou: "Egoístas e gananciosas." Concluí, então, que ele provavelmente acharia as pessoas na Califórnia igualmente egoístas e gananciosas.

Algo maravilhoso ocorre no momento em que percebemos que a vida, como o automóvel, é dirigida de dentro para fora, e não ao contrário. Quanto mais você se concentra em ser pacífico onde está, em vez de imaginar onde você gostaria de estar, mais você sente a paz no presente. Então, à medida que você se desloca, experimenta coisas novas, e encontra outras pessoas, e carrega uma sensação de paz interior. É absolutamente verdadeiro que para onde você vai, lá você está.

55

RESPIRE ANTES DE FALAR

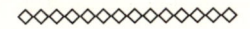

◇◇◇◇◇◇◇◇◇◇◇

Esta estratégia simples sempre funcionou admiravelmente para quase todas as pessoas que conheço e a experimentaram. Os resultados quase imediatos incluem aumento de paciência, perspectiva ampliada e, como benefícios colaterais, mais gratidão e respeito pelo próximo.

A estratégia propriamente dita é muito simples. Não envolve mais do que parar – e respirar – depois que a pessoa com quem você estiver falando tiver acabado. A princípio, o espaço de tempo entre suas vozes vai parecer uma eternidade – mas, na realidade, representa apenas uma diminuta fração de segundo do tempo real. Você se acostumará com o poder e a beleza da respiração, e irá apreciá-la igualmente. Ela fará com que você se aproxime mais e ganhe maior respeito de praticamente todo mundo com quem você tiver contato. Você descobrirá que ser ouvido é um dos maiores e mais preciosos tesouros que você pode oferecer a alguém. E tudo o que é necessário é intenção e prática.

Se você observar as conversas à sua volta, perceberá que, frequentemente, o que a maioria de nós faz é simplesmente esperar a *nossa* vez de falar. Não estamos *realmente* ouvindo a outra pessoa, mas esperando nossa vez para expressar nosso ponto de vista. Frequentemente completamos as frases dos outros, ou dizemos coisas como "Sim, sim" ou "Sei" bem rápido, dando sinal para que eles corram e acabem logo para que chegue a nossa vez. Parece que falar com o outro é um bate-bate como o de lutadores ou bolas de pingue-pongue que vêm e vão, em vez de uma oportunidade para apreciar e aprender numa conversa.

Esta forma de comunicação apressada nos incentiva a criticar pontos de vista, agir intempestivamente, interpretar erroneamente, imputar falsos motivos, e formar opiniões, tudo isso antes que nosso parceiro de comunicação tenha a chance de acabar de falar. Não é à toa que tantas vezes fiquemos chateados, incomodados, irritados uns com os outros. Por vezes, com nossos limitados dotes de ouvir, é um milagre que tenhamos amigos!

Levei boa parte de minha vida esperando minha oportunidade de falar. Se você for um pouco parecido comigo, ficará agradavelmente surpreso com as reações suaves e os olhares de surpresa que receberá ao deixar os outros completarem a exteriorização de seus pensamentos antes de você começar os seus. Muitas vezes você estará dando a alguém a inédita oportunidade de se sentir ouvido. Uma sensação de alívio o invadirá emanando desta pessoa com quem você está falando – e um sentimento de maior calma, menos pressa se instalará entre os dois. Você não precisará correr para não perder sua vez de falar – ela virá. Na verdade, será mais gratificante falar porque a pessoa com quem você vai falar o ouvirá com mais respeito e paciência, seguindo seu exemplo.

56

SEJA AGRADECIDO QUANDO ESTIVER SE SENTINDO BEM, E SERENO QUANDO ESTIVER MAL

◇◇◇◇◇◇◇◇◇◇◇

A pessoa mais feliz do mundo nem sempre se sente feliz. Na realidade, mesmo as pessoas mais felizes têm sua cota de sentimentos depressivos, problemas, desapontamentos e dores de cabeça. Frequentemente, a diferença entre uma pessoa feliz e outra que é infeliz não está na quantidade de vezes em que se sentem mal, ou quão mal se sentem, mas como costumam reagir a seus momentos depressivos. Como elas encaram a alteração em seus sentimentos?

A maioria das pessoas reage ao contrário do que deveriam. Quando se sentem mal, arregaçam as mangas e trabalham. Elas levam seus momentos de baixo-astral muito a sério e tentam entendê-los e analisar o que deu errado. Tentam sair o mais rápido possível de seu estado depressivo, o que tende a recrudescer o problema ao invés de resolvê-lo.

Quando você observa pessoas pacíficas e relaxadas, verifica que, quando elas se sentem bem, são gratas por isso. Elas entendem que os sentimentos positivos, assim como os negativos, vêm e vão, e que virá um tempo em que não se sentirão tão bem assim. Para pessoas felizes, não há nada de errado com isso, é o modo como as coisas são. Elas aceitam a inevitabilidade de seus sentimentos passageiros. Então, quando estão se sentindo deprimidas, aborrecidas, ou estressadas, elas se relacionam com esses sentimentos da mesma maneira franca e sábia. Em vez de combater seus sentimentos e entrar em pânico porque estão se sentindo mal, elas aceitam seus sentimentos, sabedoras de que eles também passarão. Em vez de combater e lutar contra seus sentimentos negativos, elas os aceitam com serenidade. Isto faz com que possam superar de forma delicada e serena seus estados negativos, passando para estados positivos da mente. Uma das pessoas mais felizes que conheci é alguém que costuma se sentir deprimido de vez em quando. A diferença está em que ele costuma se sentir à vontade com seu baixo-astral. É como se ele não desse a mínima porque sabe que, no devido tempo, ele estará feliz novamente. Para ele, isto não é um problema.

Da próxima vez em que se sentir mal, em vez de combater o sentimento, tente relaxar. Veja se, em vez de entrar em pânico, você consegue ser sereno e calmo. Sabedor de que, se você não lutar contra seus sentimentos negativos, se encará-los com serenidade, eles passarão com a mesma regularidade com que o sol se põe todas as tardes.

57

SEJA UM MOTORISTA MENOS AGRESSIVO

◇◇◇◇◇◇◇◇◇◇◇

Onde você se sente mais tenso? Se você for como todo mundo, dirigir no trânsito é o ponto mais alto de sua lista de probabilidades. Observando a maioria das rodovias de hoje, daria para pensar que são pistas de corrida, em vez de estradas.

Há três ótimas razões para você se tornar um motorista menos agressivo. Primeiro, porque quando você está agressivo, se coloca e a quem está à sua volta em perigo. Segundo, dirigir agressivamente é particularmente estressante. Sua pressão sobe, você agarra o volante com mais força, e seus pensamentos rodopiam fora de controle. Finalmente, porque você acaba não ganhando muito tempo em relação a seu ponto de chegada.

Recentemente eu dirigia para o sul, de Oakland para San Jose. O tráfego estava pesado, mas andava. Percebi um motorista extremamente agressivo e irritado entrando e saindo das faixas, acelerando e diminuindo sua marcha. Ele estava claramente com pressa. Eu passei a maior parte do meu tempo na mesma faixa por toda a viagem. Estava ouvindo um CD que havia comprado e me concentrei nele todo o caminho. Aproveitei a viagem ao máximo porque dirigir é uma das oportunidades que tenho de estar sozinho. Quando eu estava chegando ao final da auto-estrada, o motorista agressivo saiu de trás de mim e passou à frente. Sem que eu percebesse, tinha chegado a San Jose antes dele. Toda sua corrida, aceleração, e riscos para a família só lhe valeram pressão mais alta e desgaste em seu veículo. Na média, ele e eu havíamos dirigido à mesma velocidade.

O mesmo princípio se aplica quando você vê motoristas passando à sua frente para chegar mais rápido ao próximo sinal. Simplesmente não vale o preço da corrida. Isso se torna especialmente verdadeiro quando você tem que esperar sua vez durante oito horas numa auto-escola. Você provavelmente levará anos de direção perigosa para bater esse recorde.

Quando você toma a decisão consciente de se tornar um motorista menos agressivo, começa a usar seu tempo dentro do carro para relaxar. Tente ver sua direção não apenas como uma forma de chegar a algum lugar, mas como uma oportunidade de respirar e refletir. Ao invés de tensionar seus músculos, relaxe. Uso inclusive CDs especificamente designados para o relaxamento muscular. Às vezes, coloco um deles e fico ouvindo. Quando chego, finalmente, ao meu destino, sinto-me mais relaxado do que antes de entrar no carro. Ao longo de sua vida, você provavelmente passará boa parte de seu tempo dirigindo. Você pode escolher entre passar esses momentos frustrado, ou usar esse tempo sabiamente. Se apostar nessa última alternativa, será uma pessoa mais tranquila.

58
RELAXE

◇◇◇◇◇◇◇◇◇◇◇

Qual será o significado do verbo *relaxar*? Embora ouçamos esse termo milhares de vezes ao longo de nossas vidas, muito poucas pessoas perderam tempo considerando o que ele realmente significa.

Quando perguntamos às pessoas (e eu o fiz várias vezes) o que significa relaxar, a maioria delas responde de um jeito que sugere que relaxar é algo que estamos sempre adiando – para as férias, licença, quando nos aposentarmos, quando tivermos feito tudo o que precisamos. Isso implica, é claro, que na maioria das vezes (nos restantes 95% do tempo de nossas vidas) devemos passar nervosos, agitados, apressados e frenéticos. Muito poucas pessoas assumirão isso, mas é uma dedução óbvia. Será que isso explicaria por que tantos de nós agimos como se a vida fosse uma grande emergência? A maioria de nós adia o relaxamento até que nossa caixa de entrada esteja vazia. É claro que jamais estará.

Seria útil considerarmos o relaxamento como uma virtude do coração que pode ser acionada com uma certa regularidade, em vez de algo que reservamos para um tempo futuro. Você pode relaxar agora. Seria útil lembrar que pessoas relaxadas podem ser superprodutivas e que, de fato, o relaxamento e a criatividade andam de mãos dadas. Quando estou me sentindo tenso, por exemplo, não consigo nem escrever. Mas, quando estou relaxado, minha escrita flui fácil e rápida.

Estar mais relaxado implica um treinamento para reagir aos diferentes dramas da vida – transformar o melodrama num suavedrama. Advém, em parte, do ato de trazer sempre à mente (com amor e paciência) que se deve escolher como reagir à vida. Você pode aprender como reagir a seu próprio pensamento e às circunstâncias de maneira nova. Com a prática, fazer essas escolhas se traduzirá num eu mais tranquilo.

59
ADOTE UMA CRIANÇA PELO CORREIO

◇◇◇◇◇◇◇◇◇◇◇

Embora eu não queira transformar este livro num anúncio para agências, tenho que declarar que minha experiência ao adotar uma criança pelo correio foi muito positiva. É claro que você não adota de verdade uma criança, mas ajuda uma, e ao mesmo tempo a conhece melhor. A experiência trouxe enorme felicidade e satisfação a toda a nossa família. Minha filha de seis anos tem uma filha adotiva, e tem aprendido muito com essa experiência. Minha filha e a outra menina correspondem-se com regularidade, e trocam desenhos que emolduramos. Elas adoram partilhar suas vidas.

Cada mês nós contribuímos com uma pequena quantia em dinheiro para uma agência que ajuda as crianças. O dinheiro é usado para auxiliar essas crianças e seus pais nas necessidades de suas vidas, o que torna o envio dessas crianças à escola e suprir suas necessidades um pouco mais fáceis.

Creio que a razão pela qual apreciamos essa doação é porque é interativa. Na maioria das vezes, quando fazemos caridade, não sabemos a quem estamos ajudando. Nesse caso, nós não só sabemos para quem estamos dando, mas temos o privilégio de conhecer essas pessoas. A regularidade dessa relação faz-nos lembrar de como somos abençoados por estarmos em situação de ajudar. Para mim e para a maioria das pessoas que conheço, essa forma de doar nos enche de sentimentos de gratidão. Há muitas agências à escolha, mas a minha favorita é Children, Inc., em Richmond, Virginia, (800)538-5381.

60

TRANSFORME SEU MELODRAMA NUM SUAVEDRAMA

◇◇◇◇◇◇◇◇◇◇◇

De certa maneira, esta estratégia é apenas outra maneira de se dizer "não faça tempestade em copo d'água". Muitas pessoas vivem como se suas vidas fossem melodramas – "uma peça teatral extravagante em que a ação e a trama predominam". Soa familiar? De maneira dramática, aumentamos a proporção das coisas, e transformamos pequenas questões em grandes problemas. Esquecemos que a vida não é tão ruim quanto estamos nos empenhando para torná-la. Também estamos esquecendo que, quando aumentamos a proporção das coisas, somos nós os responsáveis pelo aumento.

Descobri que lembrar simplesmente que a vida não tem que ser uma novela é um método de se acalmar. Quando me sinto muito cansado e começo a me levar muito a sério (o que acontece mais do que gostaria de admitir), tento me advertir: "Aí está você de novo. Sua novela está começando." Quase sempre isso me rouba a seriedade do momento e me obriga a rir de mim mesmo. Frequentemente, esse lembrete é suficiente para fazer que eu mude meu canal para uma estação mais tranquila. Meu melodrama se transforma num suavedrama.

Se você alguma vez assistiu a uma novela, já viu como os personagens costumam levar pequenas coisas tão a sério a ponto de arruinar suas vidas. Se alguém disse alguma coisa para ofendê-los, olhou do jeito errado, flertou com seu companheiro ou companheira, sua reação quase sempre é "Meu Deus. Como isso pôde acontecer comigo?". Então eles pioram a situação ainda mais contando aos outros "como foi ruim". Transformam a vida numa emergência – num melodrama. Da próxima vez que você se sentir estressado, experimente esta estratégia – lembre a você mesmo de que a vida não é uma emergência e transforme seu melodrama num suavedrama.

61

LEIA ARTIGOS E LIVROS COM PONTOS DE VISTA COMPLETAMENTE DIFERENTES DOS SEUS E TENTE APRENDER ALGUMA COISA

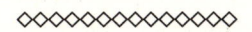

◇◇◇◇◇◇◇◇◇◇◇

Será que você já percebeu que tudo que lê justifica e reforça suas opiniões e pontos de vista a respeito da vida? O mesmo acontece com o rádio e a televisão que ouvimos e vemos. Para você ter uma ideia, num dos programas de entrevistas de rádio mais populares de todos os EUA os ouvintes se identificam no ar como "cabeças iguais", querendo com isso dizer algo como "Eu concordo com tudo o que você diz antes mesmo que o faça. Agora, continue". Liberais, conservadores – somos todos iguais. Formamos nossas opiniões e passamos nossas vidas inteiras referendando o que acreditamos ser a verdade. Essa rigidez é triste porque há muito o que aprender de pontos de vista diferentes dos nossos. É triste, igualmente, porque a inflexibilidade que é necessária para manter nossas mentes e corações fechados a tudo que não seja nossa visão cria uma boa dose de estresse interior. Uma mente fechada está sempre lutando para manter tudo sob controle.

Esquecemos que todos nós estamos igualmente convictos de que a nossa é a única maneira correta de olhar o mundo. Nós esquecemos que duas pessoas que discordam entre si podem, em muitos casos, usar exemplos *idênticos* para provar seus diversos pontos de vista – e ambas podem se provar articuladas e convincentes.

Sabedores disso, temos duas alternativas: ou estancamos ainda mais e nos tornamos ainda mais inflexíveis ou tentamos aliviar um pouco e aprender algo novo! Por apenas alguns minutos todos os dias, independentemente de sua carga na vida, tente fazer um esforço simpático no sentido de ler artigos e/ou livros que expressem pontos de vista diferentes. Você não terá que mudar suas crenças mais enraizadas nem suas posições mais bem sustentadas. Você apenas estará expandindo sua mente e abrindo seu coração a novas ideias. Esta nova abertura reduzirá o estresse que geramos ao tentar afastar os pontos de vista alheios. Essa prática, além de muito interessante, ajudará você a perceber a inocência dos outros, bem como o tornará mais paciente. Você será uma pessoa mais relaxada, mais filosófica, porque perceberá a lógica que existe nos pontos de vista alheios. Minha mulher e eu somos assinantes dos jornais mais conservadores e mais liberais dos EUA ao mesmo tempo. Posso afirmar que todos eles ampliaram nossa perspectiva da vida.

62
FAÇA UMA COISA DE CADA VEZ

No outro dia, quando estava dirigindo numa rodovia, eu notei um homem que, enquanto deslizava pela pista mais veloz, fazia a barba, bebia uma xícara de café e lia o jornal! "Perfeito", pensei com meus botões, pois justamente naquela manhã eu buscava um exemplo apropriado para a loucura e frenesi de nossa sociedade.

Quantas vezes tentamos fazer mais de uma coisa ao mesmo tempo? Nós temos telefones celulares que supostamente tornam nossas vidas mais fáceis, mas de certa maneira as tornam mais confusas. Minha mulher e eu fomos jantar com uma amiga e a encontramos falando ao telefone enquanto simultaneamente abria a porta, verificava o jantar, e trocava a fralda da filha (depois de lavar as mãos, é claro)! Muitos de nós temos a mesma tendência quando estamos falando com alguém e nossa mente está alhures, ou quando estamos desempenhando três ou quatro tarefas ao mesmo tempo.

Quando você faz muitas coisas, é impossível seguir a orientação de viver o momento presente. Assim sendo, você não só perde muito do prazer potencial do que está fazendo, mas se torna muito menos concentrado e eficaz.

Um exercício interessante é bloquear períodos de tempo em que você se dispõe a fazer apenas uma coisa a cada vez. Quer você esteja lavando pratos, falando ao telefone, dirigindo um carro, jogando com seu filho, falando com sua mulher, lendo uma revista, tente concentrar-se numa coisa só. Esteja presente no que está fazendo. Concentre-se. Você perceberá que duas coisas acontecem. Primeiro, você começa de fato a apreciar o que está fazendo, mesmo algo tão banal quanto lavar pratos ou limpar o armário. Quando você se concentra, em vez de ficar distraído, você se torna mais absorto e interessado em sua atividade, qualquer que seja. Segundo, você ficará surpreso ao perceber como você conseguirá realizar funções rápida e eficientemente. Desde que me sintonizei melhor com o momento presente, minha habilidade aumentou em praticamente todas as áreas de minha atuação – escrever, ler, limpar a casa e falar ao telefone. Você pode fazer o mesmo. Tudo começa com sua decisão de fazer uma coisa de cada vez.

63

CONTE ATÉ DEZ

◇◇◇◇◇◇◇◇◇

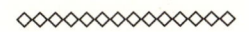

Quando eu era menino, meu pai costumava contar até dez em voz alta toda vez que ficava aborrecido comigo ou com minhas irmãs. Era uma estratégia que ele usava (e outros pais também) para se acalmar antes de decidir o que fazer em seguida.

Eu melhorei essa estratégia ao incorporar a ela o uso da respiração. A tática é simples: Quando você sentir que está perdendo o controle, inspire fundo e, enquanto o faz, conte o número um. Em seguida, relaxe todo o seu corpo ao expirar. Repita o mesmo processo com o número dois, e assim por diante, até pelo menos *dez* (se estiver realmente aborrecido, prossiga até o número vinte e cinco). O que você estará fazendo é purificando sua mente com uma versão reduzida do exercício de meditação. A combinação de contagem e respiração é tão relaxante que é quase impossível continuar irritado ao final. O aumento de oxigênio em seus pulmões e o intervalo de tempo entre o momento que você termina o exercício permite que você amplie sua perspectiva. Facilita a percepção de que a "tempestade", na verdade, é um "copo d'água". O exercício é igualmente eficaz quando se está lidando com estresse e frustração. Toda vez que você não estiver se sentindo cem por cento, experimente.

A verdade é que este exercício é uma maneira esplêndida de se gastar um minuto ou dois quer você esteja ou não irritado.

Incorporei esta estratégia à minha rotina diária simplesmente porque é relaxante e eu a prezo muito. Na maioria das vezes, ela me impede de ficar irritado, para começar.

64

PRATIQUE A SENSAÇÃO DE ESTAR NO "OLHO DE UM FURACÃO"

◇◇◇◇◇◇◇◇◇◇◇

O olho de um furacão é aquele ponto específico no centro de um ciclone ou tornado, que permanece calmo, quase isolado de todo o movimento frenético. Tudo ao redor do centro é violento e turbulento, mas o centro permanece tranquilo. Como seria bom se nós também pudéssemos permanecer calmos e serenos em meio ao caos – no olho do furacão.

Por mais surpreendente que possa parecer, estar no olho de uma "tormenta humana" é muito mais fácil do que você poderia imaginar. Só é necessário intenção e prática. Suponha, por exemplo, que você esteja a caminho de uma reunião de família que tem tudo para ser caótica. Você pode se propor a usar a experiência como oportunidade de testar sua calma. Você pode se desafiar a ser a única pessoa na sala tida como um exemplo de paz. Você pode praticar a respiração. Ouvir. Você pode conceder aos outros o orgulho da exatidão e o desfrute da glória. O importante é que você perceba que pode conseguir fazer isso se empenhar sua mente nessa tarefa.

Se você começar com cenários inofensivos como reuniões de família, coquetéis e aniversários infantis, você se descobrirá estabelecendo recordes e obtendo sucesso. Você perceberá que, para estar no olho do furacão, terá que viver mais sintonizado no presente. Você gostará de si mesmo mais do que anteriormente. Tão logo esteja controlando circunstâncias inofensivas como estas, poderá começar a praticar em áreas mais difíceis da vida – lidar com conflitos, rejeição ou luto. Se você começar lentamente, obtiver sucesso, e continuar praticando, logo, logo, dominará a arte de viver no olho do furacão.

65
SEJA FLEXÍVEL COM AS ALTERAÇÕES EM SEUS PLANOS

◇◇◇◇◇◇◇◇◇◇◇◇

Quando eu ponho alguma coisa (um plano) em minha mente, pode ser arriscado abandoná-la e seguir simplesmente o fluxo das coisas. Fui ensinado, e sei que é até certo ponto correto, que o sucesso, ou a execução bem-sucedida de um projeto, exige perseverança. Ao mesmo tempo, no entanto, a inflexibilidade cria uma enorme quantidade de estresse interior, e é frequentemente irritante e insensível com relação às outras pessoas.

Gosto de me dedicar a meus escritos nas primeiras horas da manhã. Posso ter, por exemplo, a meta de escrever duas ou três estratégias para este livro antes que alguém da casa acorde. Mas o que acontece se minha filha de quatro anos acordar cedo e subir as escadas para me ver? Meus planos certamente serão alterados, mas como reajo? Posso ter como meta dar uma corrida antes de ir para o escritório. O que acontece se eu receber uma chamada urgente de meu escritório e tiver que cancelar a corrida?

Há uma quantidade enorme de exemplos potenciais na vida de cada um de nós – momentos em que nossos planos mudam subitamente, algo que pensávamos que fosse acontecer, não acontece, alguém não faz o que disse que iria fazer, você obtém menos dinheiro do que pensou que obteria, alguém altera seus planos sem seu consentimento, você descobre que tem menos tempo do que planejou previamente, algo inesperado ocorre, e por aí vai. A pergunta a se fazer é: O que é *realmente* importante? Muitas vezes usamos a desculpa de que a frustração é uma consequência natural de nossa mudança de planos. Isso depende, no entanto, de quais são as suas prioridades. Será mais importante dar prosseguimento a um cronograma escrito e rígido ou se pôr à disposição da filha de quatro anos? Será que perder uma corrida de trinta minutos é motivo para se ficar aborrecido? A pergunta mais geral é: o que é mais importante, fazer o que quero e cumprir meus planos, ou aprender a seguir o fluxo? É claro que, para se tornar uma pessoa mais pacífica, você tem que aprender a priorizar a flexibilidade, em vez da rigidez, na maioria dos casos (embora haja, é claro, exceções). Também aprendi que há utilidade em *esperar* que uma certa percentagem de nossos planos mude. Se eu permitir cotas mentais de inevitabilidade, quando elas acontecerem, poderei dizer: "Aqui está uma das inevitabilidades."

Você vai descobrir que, se criar metas de flexibilidade, coisas maravilhosas poderão lhe acontecer: Você se sentirá mais relaxado, e ao mesmo tempo não terá que sacrificar sua produtividade. Você talvez se descubra, inclusive, *mais* produtivo porque não dispenderá tanta energia se sentindo chateado ou preocupado. Eu aprendi a confiar em meus prazos, extrair o máximo de minhas metas, e honrar minhas responsabilidades, embora tenha que alterar, muitas vezes, meus planos ligeira ou completamente. Finalmente, as pessoas à sua volta se sentirão mais relaxadas também. Elas não se sentirão como se tivessem que pisar em ovos caso seus planos tenham que ser alterados.

66

PENSE NO QUE VOCÊ TEM, EM VEZ DE NO QUE GOSTARIA DE TER

◇◇◇◇◇◇◇◇◇◇◇◇

Em mais de doze anos como consultor de estresse, percebi que uma das tendências mentais mais destrutivas e persistentes é enfatizar o que *gostaríamos de ter*, em vez do que temos. Não parece fazer qualquer diferença o muito que já possuímos; nós simplesmente temos tendência a expandir nossa lista de desejos para garantirmos que não poderemos ser satisfeitos. O padrão mental que impõe "Serei feliz quando este desejo estiver realizado" é o mesmo que se repete assim que o desejo é alcançado.

Um amigo nosso parecia ter conseguido seu intento ao inaugurar sua nova casa num domingo. Quando voltamos a encontrá-lo, ele estava falando de sua próxima casa, que seria ainda maior! Ele não é o único. Quase todos nós fazemos o mesmo. Queremos isso ou aquilo. Se não alcançamos nosso desejo, nos fixamos no que não temos – e permanecemos insatisfeitos. Se atingimos o que queremos, simplesmente recriamos o mesmo pensamento numa nova circunstância. Então, mesmo obtendo o que queremos, permanecemos infelizes. A felicidade não pode ser encontrada quando estamos o tempo todo desejando novas metas.

Felizmente, há uma maneira de se alcançar a paz. Implica mudar a ênfase de nosso pensamento do que queremos para o que temos. Em vez de desejar que sua mulher fosse diferente, pense a respeito de suas maravilhosas qualidades. Em vez de pensar que seria ótimo passar as férias no Havaí, pense em quanto prazer pode ser encontrado bem mais perto de casa. A lista de possibilidades é infinita! Cada vez que você se perceber caindo na armadilha do "eu gostaria que a vida fosse diferente", volte atrás e comece tudo de novo. Respire fundo e lembre-se de que você ficará grato por isso. Quando você focaliza não o que você deseja, mas o que tem, termina obtendo mais do que você gostaria de um jeito ou de outro. Se você valoriza as boas qualidades de sua esposa, ela se mostrará mais amorosa. Se você mostrar gratidão por seu trabalho, em vez de reclamar a respeito dele, você poderá trabalhar melhor, ser mais produtivo e, no final, receber um aumento do mesmo jeito. Se você cogita tirar férias perto de casa, em vez de ficar suspirando pelo Havaí, você se divertirá mais. Quando você puder ir, finalmente, ao Havaí, já terá desenvolvido o hábito de se divertir. E, se acontecer de você jamais poder ir, terá aproveitado a vida de qualquer jeito.

    Lembre-se de pensar mais a respeito daquilo que você tem do que daquilo que deseja. Se assim fizer, sua vida lhe parecerá melhor do que antes. Provavelmente pela primeira vez, você saberá o que quer dizer satisfação.

67

PRATIQUE IGNORAR SEUS
PENSAMENTOS NEGATIVOS

◇◇◇◇◇◇◇◇◇◇◇◇

Foi feita uma estimativa que concluiu que o ser humano tem uma média de 50 mil pensamentos diários. É uma quantidade expressiva de pensamentos. Alguns deles são, com certeza, positivos e produtivos. Infelizmente, no entanto, outros tantos são negativos – aborrecidos, assustados, pessimistas, preocupados. Na verdade, a questão importante quando se trata de obter a paz não é se você deve ou não ter pensamentos negativos – você com certeza os terá –, mas o que você vai optar por fazer com eles.

Na prática, você, na realidade, só tem duas opções para lidar com seus pensamento negativos. Você pode analisá-los – ponderá-los, dissecá-los, estudá-los, pensar melhor – ou pode aprender a ignorá-los – afastá-los, não prestar atenção neles, não levá-los a sério. Esta última opção, aprender a não levar seus pensamentos negativos a sério, é infinitamente mais eficaz em termos de aprendizado de paz.

Quando você tem um pensamento – qualquer pensamento –, isso é tudo que ele é, um pensamento! Pode magoá-lo sem que precise pedir seu consentimento para isto. Se você tem, por exemplo, um pensamento vindo de seu passado, "Eu me aborreço porque meus pais não fizeram um bom trabalho", você pode ir em frente, e ele criará um turbilhão interno. Se em sua mente você der importância ao pensamento, se convencerá que deveria, de fato, ser infeliz. Ou reconhecerá que sua mente está prestes a criar uma bola de neve mental, e você pode escolher dispensar o pensamento. Isso não quer dizer não admitir que sua infância foi difícil – pode até ter sido –, mas, neste preciso momento, você tem uma escolha a respeito de quais pensamentos devem ser considerados relevantes.

A mesma dinâmica mental se aplica a pensamentos desta manhã, de cinco minutos atrás. Uma discussão que ocorreu quando você estava saindo para o trabalho não é mais uma discussão, é um pensamento em sua mente. Esta dinâmica também se aplica a pensamentos futuros desta noite, próxima semana, ou daqui a dez anos. Você descobrirá, na maioria dos casos, que, ao ignorar ou "esquecer" um pensamento negativo que ocupa sua mente, pensamentos pacíficos, subitamente, se aproximarão. E, num estado de mente mais pacífico, sua sabedoria e senso prático lhe dirão o que fazer. Esta estratégia exige prática, mas vale o esforço.

68

ESTEJA DISPOSTO A APRENDER COM OS AMIGOS E A FAMÍLIA

◊◊◊◊◊◊◊◊◊◊◊◊

Uma das constatações mais tristes que já fiz relaciona-se com a relutância de alguns de nós em aprender com as pessoas mais próximas de nós – nossos pais, mulheres, filhos, e amigos. Em vez de nos dispormos a aprender, nós nos fechamos por causa de timidez, medo, cabeça-dura ou orgulho. É como se nos convencêssemos que "Aprendi tudo o que podia (ou queria) dessa pessoa; não há nada mais que eu possa (ou queira) aprender".

É triste porque frequentemente a pessoa mais próxima de nós é a que nos conhece melhor. Ela muitas vezes consegue enxergar as formas que escolhemos para agir como sistema de defesa e pode nos oferecer soluções boas e simples. Se somos orgulhosos demais ou cabeças-duras que se recusam a aprender, perdemos modos simples e verdadeiramente incríveis de melhorar nossas vidas.

Venho tentando manter-me aberto às sugestões de amigos e da família. De fato, cheguei ao ponto de perguntar a certos membros de minha família e a alguns de meus amigos: "Quais são meus pontos fracos?" Isso não só faz a pessoa a quem se pergunta se sentir desejada e especial, mas você acaba recebendo conselhos realmente geniais. É um atalho para o crescimento, mas a maioria das pessoas não o usa. Tudo o que ele requer é coragem e humildade, e a habilidade de driblar seu ego. Isso é especialmente verdadeiro se você tem o hábito de ignorar sugestões, avaliando-as como críticas, ou descartando membros de sua família. Imagine o choque que eles terão quando você lhes pedir, sinceramente, conselhos.

Escolha algo que você perceba que a pessoa a quem você está perguntando está qualificada para responder. Por exemplo, eu frequentemente peço a meu pai conselhos relacionados a negócios. Mesmo que ele termine por me fazer uma palestra, vale a pena. O conselho que ele me dá geralmente me impede de aprender coisas do modo mais difícil.

69

SEJA FELIZ ONDE VOCÊ ESTÁ

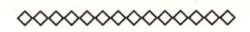

◇◇◇◇◇◇◇◇◇◇◇◇

Infelizmente, muitos de nós adiam, continuamente, sua felicidade – indefinidamente. Não é que o façamos de forma consciente, mas passamos o tempo nos convencendo de que "Um dia seremos felizes". Nós nos convencemos que seremos felizes quando nossas contas estiverem pagas, quando nos formarmos, obtivermos o primeiro emprego, uma promoção. Nós nos convencemos de que seremos felizes quando nos casarmos, tivermos um bebê, depois outro. Depois ficamos frustrados que as crianças não tenham idade bastante – seremos mais felizes quando eles tiverem. Depois ficamos frustrados porque temos que lidar com adolescentes. Certamente seremos mais felizes quando eles ultrapassarem esta fase. Nós nos convencemos de que a vida será mais completa quando nosso marido ou mulher puderem também se realizar, quando tivermos um carro melhor, tivermos oportunidade de umas belas férias, quando nos aposentarmos. E assim por diante!

Nesse meio tempo, a vida continua em frente. A verdade é que não há época melhor para sermos felizes do que agora. Se não for agora, então quando? Sua vida sempre estará cheia de desafios. É melhor admiti-lo e decidir pela felicidade. Uma das minhas citações favoritas é extraída de Alfred D' Souza. Ele disse: "Por algum tempo me pareceu que a vida estava prestes a começar –

a vida verdadeira. Mas sempre havia um obstáculo ou outro no caminho, algo que deveria ser feito antes, um negócio inacabado, tempo por vir, dívidas a pagar. Aí, sim, a vida começaria. Então, eu despertei para o fato de que esses obstáculos eram minha vida." Esta perspectiva me ajudou a perceber que não existe caminho *para* a felicidade. A felicidade *é* o caminho.

70
LEMBRE-SE DE QUE VOCÊ É
O QUE MAIS PRATICA

◇◇◇◇◇◇◇◇◇◇◇

A prática repetida é um dos princípios básicos da maioria dos caminhos espirituais e meditativos. Em outras palavras, o que você mais praticar, é o que será. Se você tem o hábito de se retesar toda vez que a vida não lhe parece bem, reagindo repetidamente à crítica com atitude defensiva, insistindo em estar certo, permitindo que seu pensamento forme bolas de neve em reação à adversidade, ou agindo como se a vida fosse uma emergência, então, infelizmente, sua vida será um reflexo desse tipo de prática. Você será frustrado porque, de certa maneira, praticou a frustração.

Do mesmo modo, no entanto, você pode escolher cultivar as virtudes da compaixão, da paciência, da simpatia, humildade e paz – mais uma vez por meio da prática. Acho que está correto o ditado que diz que a prática traz a perfeição. Faz sentido, então, o cuidado com a prática.

Não quero com isso dizer que você deva transformar sua vida toda num grande projeto cuja meta é o constante aperfeiçoamento. Apenas que ajuda imensamente tornar-se consciente de seus hábitos, interiores e exteriores. Onde focaliza sua atenção? Como gasta seu tempo? Está cultivando hábitos que ajudam suas metas preestabelecidas? O que você costuma dizer que é o objetivo de sua vida corresponde ao que sua vida realmente é? Fazer essas e outras perguntas igualmente importantes, respondê-las sinceramente, ajuda a determinar quais estratégias lhe serão mais úteis. Você alguma vez pensou "Gostaria de gastar mais tempo comigo" ou "Sempre quis meditar", e nunca encontrou tempo para fazê-lo? Infelizmente, a maioria das pessoas gasta muito mais tempo lavando seus carros ou assistindo reprises de programas da televisão que elas nem apreciam tanto assim do que encontrando tempo para os aspectos de sua vida que nutrem seus corações. Se você tiver em mente que você é o que pratica, começará a escolher diferentes tipos de prática.

71

APAZIGUE SUA MENTE

◇◇◇◇◇◇◇◇◇◇◇

Pascal dizia que: "Todos os problemas da humanidade provêm da inabilidade do homem em ficar sentado em seu quarto sozinho." Não tenho certeza se iria tão longe, mas estou certo de que a mente apaziguada é o alicerce da paz interior. E a paz interior traduz-se em paz exterior. Embora existam muitas técnicas para apaziguar a mente, como a reflexão, a respiração profunda, a contemplação, a visualização, a técnica universalmente aceita e usada com regularidade é a meditação. Com apenas cinco ou dez minutos diários, você pode treinar sua mente a se tranquilizar e apaziguar. Essa paz pode ser incorporada à sua vida diária, fazendo com que você reaja menos e seja menos irritável, e dando-lhe uma perspectiva mais ampla para ver as coisas como copos d'água em vez de emergências. A meditação lhe ensina a se acalmar e lhe dá a experiência do relaxamento absoluto. Ensina-lhe a paz.

Há muitas formas diferentes e variações de meditação. Essencialmente, no entanto, a meditação implica o esvaziamento da mente. Normalmente, a meditação deve ser feita num ambiente calmo. Feche seus olhos e focalize sua atenção em sua respiração – para dentro e para fora, para dentro e para fora. À medida que os pensamentos invadem sua mente, você gentilmente os dispersa e volta sua atenção para sua respiração. Faça isso repetidas vezes. Com o tempo, você treinará para manter sua atenção em sua respiração, enquanto dispensa pensamentos desgarrados. Você rapidamente aprenderá que a meditação não é fácil. Perceberá que sua mente estará plena de pensamentos no momento em que decidir aquietá-la. É raro que um principiante consiga focalizar a atenção por mais de alguns segundos. O truque para se tornar alguém que medita com eficácia é ser gentil consigo mesmo e consistente. Não desista. Alguns minutos diários provocarão benefícios tremendos com o tempo. Você provavelmente encontrará aulas de meditação em sua comunidade. Ou, se preferir, pode aprender de um livro, ou, melhor ainda, de um áudio. (É difícil ler de olhos fechados.) Minha fonte preferida é o livro *How to Meditate*, de Larry LeShan, também disponível em audio-book. Não conheço muitas pessoas que estejam em paz com suas vidas que não tenham passado, pelo menos por certo tempo, pela experiência da meditação.

72
FAÇA IOGA

◇◇◇◇◇◇◇◇◇◇◇

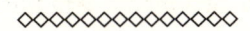

Tal como a meditação, a ioga é um método extremamente popular e eficaz para tornar uma pessoa mais relaxada, despreocupada. Durante séculos, a ioga tem sido usada para clarear e libertar a mente, dando às pessoas sentimentos de alívio e equanimidade. É fácil de fazer e emprega apenas alguns momentos diários. E, o que é mais importante, pessoas de virtualmente qualquer idade ou nível de adequação física podem participar. Certa vez frequentei uma turma numa academia da qual faziam parte um menino de dez anos e um senhor de oitenta e sete. A ioga é não competitiva por natureza. Você trabalha e progride em seu próprio ritmo e nível de conforto.

Embora a ioga seja física por natureza, seus benefícios são tanto físicos quanto emocionais. Do ponto de vista físico, a ioga fortalece os músculos e a coluna, criando flexibilidade e facilitando os movimentos. Do ponto de vista emocional, a ioga é um tremendo redutor de estresse. Equilibra a conexão corpo-mente-espírito, oferecendo-nos sentimentos de alívio e paz.

O princípio da ioga é uma série de alongamentos a um tempo suaves e desafiadores. Os alongamentos são designados para ampliar o corpo e alongar a coluna. Os alongamentos focalizam pontos muito específicos normalmente contraídos e tensos –

pescoços, costas, quadris, pernas, e coluna. Enquanto você está alongando, está igualmente concentrando, focalizando sua atenção no que está fazendo.

Os efeitos da ioga são verdadeiramente impressionantes. Depois de alguns minutos, você se sente mais vivo e aberto, apaziguado e relaxado. Sua mente está limpa. O restante de seu dia torna-se mais fácil e mais focalizado. Eu costumava acreditar que era ocupado demais para praticar ioga. Achava que não tinha tempo. Agora estou convencido do contrário – não tenho tempo para não praticar ioga. É importante demais para não se fazer. Faz com que me sinta jovem e energizado. É também uma maneira maravilhosa e pacífica de se passar o tempo com a família ou amigos. Em vez de assistir televisão juntos, eu e minhas filhas frequentemente colocamos um vídeo de ioga e gastamos alguns minutos nos alongando.

Como a meditação, a ioga é fácil de se encontrar em aulas na comunidade, em academias. Se você prefere aprender em livros, meu favorito é o *Richard Hittleman's Yoga Twenty-eight-Day Exercise Plan*. Há outros vídeos excelentes com os quais você pode aprender, bem como uma revista dedicada ao tema chamada *Yoga Journal*, associada a um site e a conferênciaas regulares.

73

FAÇA DO SERVIÇO UMA PARTE ESSENCIAL DE SUA VIDA

◇◇◇◇◇◇◇◇◇◇◇

Tornar-se um indivíduo mais gentil, amoroso, requer ação. Ironicamente, no entanto, não há nada específico a se fazer, nenhuma prescrição a seguir. Pelo contrário, a maioria dos atos de genuína gentileza e generosidade parece espontânea; eles são gerados a partir de um pensamento onde serviço e doação foram integrados ao processo mental da pessoa.

Muitos professores e filósofos que adotei como orientadores me sugeriram que começasse o dia propondo-me a seguinte questão: "Como posso servir?" Verifiquei que isto pode ser útil para me recordar das milhares de maneiras em que podemos ajudar os outros. Quando me coloco esta pergunta, as respostas costumam pipocar pelo dia afora.

Se um de seus objetivos é ajudar os outros, você encontrará as formas mais apropriadas de fazê-lo. Suas oportunidades de serviço serão infinitas. Algumas vezes a melhor maneira em que posso servir é oferecendo minha casa para um amigo (ou até estranho) que dela precise. Outras vezes, é oferecendo meu lugar no trem para uma pessoa mais velha, ajudar um jovem através das grades da prisão, falar com um grupo, escrever um livro, ajudar a escola de minha filha, doar um cheque para uma obra de caridade, pegar o lixo na estrada. A chave, creio, é perceber que servir não é o esforço de uma única tentativa. Não é fazer alguma coisa boa para alguém e logo em seguida se perguntar por que os outros não estão sendo gentis conosco também ou fazendo coisas para nós. Uma vida de serviço é um processo de vida inteira, uma maneira de se pensar a vida. O lixo precisa ser despejado? Então, vá em frente e o despeje mesmo que não seja sua vez. Alguém que você conhece está sendo difícil? Talvez precise de um abraço ou alguém que o ouça. Você sabe de uma instituição de caridade que está em dificuldades? Será que você poderia ajudá-la este mês?

Aprendi que a melhor maneira de se pôr a serviço é bem simples – praticar atos pequenos, discretos, frequentemente não notados, numa base diária –, dando força à nova iniciativa de minha mulher, ou simplesmente empregando tempo e energia em ouvir. Sei que tenho um longo caminho pela frente antes de atingir minha meta de me tornar uma pessoa menos egoísta. Sei, no entanto, que à medida que tentei integrar o serviço à minha vida, senti-me cada vez melhor com relação à minha escolha. Há um ditado antigo que diz: "Dar é sua própria recompensa." É a pura verdade. Quando você dá, você sempre recebe. De fato, o que você recebe é diretamente proporcional ao que você dá. Quanto mais você dá de sua maneira especial, mais experimentará sentimentos de paz. Todos ganham, especialmente você.

74

FAÇA UM FAVOR E NÃO PEÇA, NEM ESPERE, NADA EM TROCA

◇◇◇◇◇◇◇◇◇◇◇◇

Esta é uma estratégia que pode ajudá-lo a praticar o serviço em sua vida. Ela vai mostrar-lhe como é fácil e bom fazer algo agradável por alguém sem esperar nada em troca.

Quase sempre, consciente ou inconscientemente, esperamos algo dos outros – especialmente se lhes prestamos algum favor – "Eu lavei o banheiro, ela devia limpar a cozinha". Ou "Eu tomei conta das crianças dela no fim de semana passado, ela bem poderia se oferecer para fazer o mesmo esta semana". É como se mantivéssemos uma agenda de nossas boas ações, em vez de lembrar que *doar* é a própria recompensa.

Quando você faz algo de bom para alguém, faça simplesmente, e perceberá (se tiver a mínima paz interior) que lindo sentimento de tranquilidade e bem-estar o invade. Da mesma forma que exercícios vigorosos liberam as endorfinas de seu cérebro, fazendo com que se sinta bem fisicamente, seus atos de amor liberam o equivalente emocional. Sua recompensa é o sentimento que o toma após ter participado de um ato de amor. Você não necessita nada em troca, nem um "muito obrigado". Na verdade, você nem precisa que a pessoa saiba o que fez por ela.

O que interfere com seus sentimentos de paz é a expectativa da reciprocidade. Nossos próprios pensamentos interferem em nossos sentimentos pacíficos quando se instalam em nossas mentes e nos prendem às nossas crenças ou ao que julgamos querer. A solução é perceber seus pensamentos de "quero algo em troca" e dispensá-los gentilmente. Na ausência de tais pensamentos, seus pensamentos positivos retornarão.

Veja se você pode descobrir algo realmente gentil para pensar a respeito de alguém, e não espere nada em troca. Pode surpreender seu companheiro ao limpar a garagem, ou organizar a escrivaninha, cuidar do jardim de seu vizinho, ou voltar mais cedo do trabalho para ajudar sua mulher a cuidar das crianças. Quando você completar o favor, sinta-se penetrado pelo sentimento caloroso de saber que fez algo realmente bom sem nada esperar da pessoa a quem acabou de ajudar. Se praticar, acho que descobrirá que esses sentimentos são recompensa mais do que suficiente.

75

PENSE EM SEUS PROBLEMAS COMO ENSINAMENTOS EM POTENCIAL

◇◇◇◇◇◇◇◇◇◇◇

A maioria das pessoas concordaria que uma de nossas maiores fontes de estresse na vida são nossos problemas. Isso é verdade até certo ponto. Uma assertiva mais correta poderia ser, no entanto, perceber que a medida do estresse tem mais a ver com a maneira como nos relacionamos com nossos problemas do que com os problemas propriamente ditos. Em outras palavras, será que não somos nós que tornamos nossos problemas, problemas? Nós os vemos como emergências, ou como ensinamentos em potencial?

Problemas surgem sob muitas formas, tamanhos e graus de seriedade, mas todos têm algo em comum: Eles nos defrontam com algo que gostaríamos que fosse diferente. Quanto mais lutamos com nossos problemas e mais os queremos ver à distância, piores eles nos parecem e mais estresse eles provocam em nós.

Irônica e felizmente, é o inverso que é verdadeiro. Quando aceitamos nossos problemas como parte inevitável da vida, quando olhamos para eles como ensinamentos em potencial, é como se aliviássemos o peso de nossos ombros.

Pense num problema com que venha lutando há algum tempo. Como é que você lidou com ele até este momento? Se você for como a maioria das pessoas, você provavelmente o enfrentou, ensaiou-o mentalmente, analisou-o repetidas vezes, mas não chegou a conclusão alguma. Para onde toda esta luta o levou? Muito provavelmente a mais confusão e estresse.

Agora pense no mesmo problema de outra maneira. Em vez de empurrá-lo para longe, ou resistir a ele, abrace-o. Mentalmente, traga o problema para bem perto de seu coração. Pergunte a si mesmo quais as lições válidas que este problema pode lhe ensinar. Será que ele pode lhe estar ensinando a ser mais cuidadoso e paciente? Terá algo a ver com ambição, inveja, displicência, perdão? Ou algo igualmente poderoso? Quaisquer que sejam os problemas com que você está lidando, há boas chances que possam ser avaliados de uma maneira mais suave, que pode incluir a genuína vontade de aprender com eles. Quando você enfrenta seus problemas sob esta luz, eles relaxam como um punho que estivesse cerrado e agora abrisse os dedos. Experimente esta estratégia, e acho que concordará que a maioria de nossos problemas não é a emergência que julgamos. Normalmente, uma vez que aprendemos o que devemos aprender, eles se esvaem.

76

SINTA-SE À VONTADE POR NÃO SABER

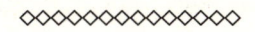

◇◇◇◇◇◇◇◇◇◇

Existiu, certa vez, uma aldeia que contava, entre seus habitantes, com um velho homem muito sábio. Os aldeões contavam com a sabedoria desse homem para provê-los de respostas a suas perguntas e preocupações.

Um dia, um fazendeiro da aldeia foi ao homem sábio e disse num tom frenético: "Homem sábio, me ajude. Uma coisa horrível me aconteceu. Meu boi morreu e eu não tenho outro animal para me ajudar a arar o campo! Esta não é a pior coisa que poderia me acontecer?" O homem sábio respondeu: "Talvez sim, talvez não." O homem correu de volta para a aldeia e contou a seus vizinhos que o homem sábio tinha ficado maluco. Estava claro que esta era a *pior* coisa que poderia lhe ter sucedido. Por que será que ele não via isso?

No dia seguinte, no entanto, um cavalo jovem e forte foi visto nas proximidades da fazenda do homem. Como ele não tivesse nenhum boi para ajudá-lo, ele teve a ideia de aproveitar o cavalo para o lugar do boi – e foi o que fez. Que felicidade para o fazendeiro! Nunca arar um campo tinha sido tão fácil. Ele voltou ao homem sábio para se desculpar: "Você estava certo, homem sábio. Perder meu boi não foi a pior coisa que poderia me acontecer. Foi uma bênção disfarçada! Eu nunca poderia ter capturado meu novo cavalo se isso não me tivesse acontecido. Você há de concordar que esta é a *melhor* coisa que poderia ter ocorrido." O homem sábio tornou a dizer: "Talvez sim, talvez não." De novo não, pensou o fazendeiro. Agora não havia dúvidas que o homem sábio estava enlouquecendo. Mais uma vez, no entanto, o fazendeiro não sabia o que o aguardava. Alguns dias mais tarde, o filho do fazendeiro estava andando a cavalo e caiu. Quebrou a perna e não poderia mais ajudá-lo na colheita. Oh, não, pensou o fazendeiro. Agora, morreremos de fome. O fazendeiro foi de novo ao homem sábio. Desta vez ele disse: "Como é que você sabia que capturar o cavalo não foi uma coisa boa? Você estava certo novamente. Meu filho se machucou e agora não poderá me ajudar na colheita. Estou certo de que esta foi a *pior* coisa que poderia ter me acontecido. Desta vez você será obrigado a concordar." Mas, da mesma maneira que nas vezes anteriores, o homem sábio olhou calmamente para o fazendeiro num tom compassivo e repetiu: "Talvez sim, talvez não." Enraivecido pelo fato do homem sábio ser tão ignorante afinal, o fazendeiro voltou bufando para a aldeia.

No dia seguinte chegaram tropas ao vilarejo para levar todos os homens jovens e saudáveis para uma guerra que tinha acabado de estourar. O filho do fazendeiro foi o único jovem da aldeia que não teve que ir. Ele viveria onde os outros, com toda certeza, estavam fadados a morrer.

A moral que esta história nos traz é uma lição poderosa. A verdade é que nós *não* sabemos o que irá nos acontecer – apenas acreditamos saber. Muitas vezes criamos grandes casos a partir de coisas insignificantes. Montamos roteiros em nossas mentes de todas as coisas terríveis que podem nos acontecer. Na maioria das vezes, estamos errados. Se não perdermos a tranquilidade e nos mantivermos abertos para as oportunidades, podemos estar certos que, eventualmente, tudo terminará bem. Lembre-se: talvez sim, talvez não.

77

PERCEBA A TOTALIDADE DE SEU SER

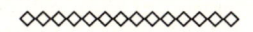

◇◇◇◇◇◇◇◇◇◇

Dizem que Zorba, o grego, costumava se descrever como "uma catástrofe ambulante". A verdade é que todos nós somos "catástrofes ambulantes", embora desejássemos não ser. Costumamos negar as partes de nós que consideramos inaceitáveis, em vez de aceitar o fato de que somos menos do que perfeitos.

Um dos motivos pelos quais é importante aceitar todas as nossas facetas é o fato disso nos permitir ser mais compreensivos com nós mesmos, mais complacentes. Quando agimos ou nos sentimos inseguros, em vez de fazer de conta que estamos "com tudo em cima", deveríamos abrir o jogo para nós mesmos e assumirmos: "Estou me sentindo com medo, mas tudo bem." Se você está se sentindo um pouco invejoso, ou ganancioso, ou aborrecido, em vez de negar ou enterrar seus sentimentos, abra-se para eles, o que fará com que você possa superá-los e deixá-los para trás com facilidade. Quando você parar de encarar seus sentimentos negativos como algo pesado, ou algo que deve temer, você não mais se assustará com eles. Quando você se abre para a totalidade de seu ser, para de ter de fazer de conta que sua vida é perfeita, ou mesmo desejar que seja. Em vez disso, passa a aceitar-se como é aqui e agora.

Quando você se apercebe das parcelas do seu ser que são imperfeitas, algo de mágico ocorre. Junto com o que é negativo, você começa a perceber o que é positivo, os aspectos maravilhosos de si mesmo que você até este momento não tinha valorizado, ou até constatado. Você perceberá que, embora muitas vezes aja egoisticamente, em algumas ocasiões sabe ser incrivelmente generoso. Algumas vezes, você pode ser inseguro ou assustado; mas, na maioria das vezes, é corajoso. Embora seja tenso, consegue relaxar.

Abrir-se para a totalidade de seu ser é como dizer para si mesmo: "Posso não ser perfeito, mas sou legal do jeito que sou." Quando suas características negativas emergirem, comece a encará-las como parte de um quadro mais amplo. Em vez de se julgar e avaliar simplesmente porque tem características humanas, veja se consegue se perceber com gentileza e capacidade de aceitação. É provável que você seja uma "catástrofe ambulante", mas relaxe a respeito disso. Todos nós somos também.

78

DÊ UM TEMPO

◇◇◇◇◇◇◇◇◇◇

Todas as estratégias deste livro foram concebidas para ajudá-lo a se tornar mais relaxado e amoroso. Uma das peças mais importantes deste quebra-cabeças, no entanto, é ter sempre em mente que sua meta é ficar relaxado. Nem estressado demais, nem preocupado demais com o que você está fazendo. Pratique as estratégias, lembre-se sempre delas, mas não se preocupe com a perfeição. Dê um tempo para si mesmo! Haverá momentos em que você vai se sentir perdendo, e voltará a ficar tenso, frustrado, estressado e defensivo – é bom se acostumar com isso. Quando você conseguir, que bom. A vida é um processo – um passo depois do outro. Quando não conseguir, comece de novo.

Um dos erros mais comuns em pessoas que estão tentando atingir a paz interior é que elas se sentem frustradas pelas suas limitações. Uma alternativa é encarar seus erros como oportunidades de aprendizado, caminhos de navegação para seu crescimento e aprendizado. Diga para si mesmo: "Aí está, perdi de novo. Bom, da próxima vez tento de maneira diferente." Com o tempo, você perceberá mudanças drásticas em suas reações à vida, mas não acontece de uma hora para outra.

Certa vez alguém mencionou para mim uma sugestão de título de livro: *Eu não estou ok, você não está ok, e isto está ok*. Dê um tempo. Ninguém vai alcançar a marca dos 100 por cento, nem perto disso. O que é verdadeiramente importante é que você, de maneira geral, está fazendo o melhor que pode e caminhando na direção correta. Quando você aprende a manter sua perspectiva e uma visão amorosa de si mesmo, mesmo quando se prova falivelmente humano, você está se encaminhando para uma vida mais feliz.

79

PARE DE CULPAR OS OUTROS

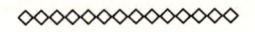

◇◇◇◇◇◇◇◇◇◇

Quando algo não corresponde a nossas expectativas, muitos de nós operamos com uma premissa: "Na dúvida, a culpa é do outro." Podemos observar essa premissa em ação à nossa volta – algo deveria estar aqui, mas não está, então alguém carregou; o carro não está pegando de novo, então o mecânico deve tê-lo consertado mal; suas despesas excedem seus ganhos, então sua mulher deve estar gastando mais do que devia; a casa está uma bagunça, então só você deve estar fazendo sua parte; um projeto está atrasado, então seus colegas de trabalho não devem estar fazendo o que deviam – e por aí vai.

Este tipo de pensamento recriminatório (dos outros) vem se tornando muito comum em nossa cultura. No nível pessoal, eles nos levam a acreditar que nunca somos completamente responsáveis por nossas ações, problemas, ou felicidade. No nível social, nos levam a processos frívolos e desculpas ridículas que liberam de culpa criminosos. Quando temos o hábito de culpar os outros, nós os culpamos por nossa raiva, frustração, depressão, estresse e infelicidade.

Em termos de felicidade pessoal, *não se pode* ficar tranquilo e, ao mesmo tempo, jogar a culpa nos outros. Claro que há ocasiões em que outras pessoas e/ou circunstâncias contribuem para nossos problemas, mas somos nós que devemos corresponder à ocasião e assumir a responsabilidade de nossa felicidade. As circunstâncias não fazem as pessoas, mas as revelam.

A título de experiência, veja o que acontece quando você para de culpar os outros por tudo ou nada do que acontece em sua vida. Com isso não quero dizer que você não responsabilize as pessoas por seus atos, mas que *você* se responsabilize por sua própria felicidade e pelas reações às outras pessoas e circunstâncias que o envolvem. Quando a casa está uma bagunça, em vez de acreditar que você é a única pessoa que está fazendo sua parte, arrume! Quando você está gastando acima de suas posses, verifique onde *você* pode gastar menos dinheiro. E, mais importante, quando se sentir infeliz, lembre-se que é a única pessoa que pode se fazer feliz.

Culpar os outros exige uma quantidade expressiva de energia mental. É um padrão mental que conduz ao estresse e à doença. Culpar faz com que você se sinta enfraquecido com relação à sua vida porque sua felicidade é consequência de seus atos e comportamentos em relação a outros, que você não consegue controlar. Quando você para de culpar os outros, recupera seu sentido de poder pessoal. Passa a se enxergar como alguém que faz escolhas. Saberá que, quando está aborrecido, desempenha o papel principal na criação de seus próprios sentimentos. Isto significa que pode desempenhar o mesmo papel protagonista na criação de sentimentos novos e mais positivos. A vida torna-se bem mais divertida e fácil de levar quando paramos de culpar os outros. Experimente e veja o que acontece.

80

TORNE-SE UM MADRUGADOR

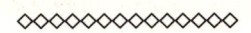

Já vi esta estratégia simples e prática ajudar muitas pessoas a descobrir uma vida mais pacífica e mais significativa.

Muitas pessoas acordam, se apressam para vestir, tomam uma xícara de café de qualquer maneira, e voam pela porta direto para o trabalho. Depois de trabalhar o dia todo, voltam para casa cansados. O mesmo acontece com homens ou mulheres que ficam em casa tomando conta dos filhos. Eles acordam e imediatamente começam a desempenhar suas funções junto às crianças. Não há virtualmente tempo para mais nada. Quer você trabalhe, cuide de sua família, ou ambos, está normalmente cansado demais para aproveitar o que lhe resta do tempo. Como solução para o cansaço, quase todo mundo pensa: "O melhor que tenho a fazer é dormir bastante." Então, seu tempo livre é gasto dormindo. Para a maioria das pessoas, esse padrão cria um vazio no coração. É claro que deve existir mais coisas na vida além de trabalho, filhos e sono!

Uma outra maneira de encararmos a fadiga é considerar que a falta do sentido de gratificação e a sensação de excesso de compromissos contribuem imensamente para seu cansaço. E que, contrariando a lógica popular, um pouco *menos* de sono e um pouco mais de tempo livre pode ser o remédio certo para combater a sensação de fadiga.

Uma ou duas horas reservadas apenas para você – *antes* do dia começar – é uma maneira incrível de melhorar sua vida. Eu normalmente acordo todos os dias entre três e quatro horas da manhã. Depois de uma tranquila xícara de café, geralmente gasto algum tempo fazendo ioga e alguns minutos meditando. Em seguida, geralmente subo as escadas e fico escrevendo, mas também tenho tempo para um capítulo ou dois do livro que estiver lendo no momento. Às vezes fico simplesmente sentado alguns minutos fazendo nada. Virtualmente todos os dias, paro de fazer o que quer que esteja fazendo para apreciar o nascer do sol quando aparece sobre a montanha. O telefone não toca, ninguém me pede nada, não há absolutamente nada que eu tenha que fazer. É seguramente o momento mais tranquilo de todo o dia.

Quando minha mulher e minhas filhas acordam, sinto-me como se tivesse tido um dia inteiro de prazer. Não importa quão cheio de atividades seja o dia que tenho pela frente ou que solicitações meu tempo irá receber, sei que tive "meu tempo". Nunca me senti alienado de algo (como muitas pessoas, infelizmente, se sentem), ou como se minha vida não me pertencesse. Creio que isso me torna mais disponível para minha mulher e filhas, bem como meus clientes e outras pessoas que dependem de mim.

Muitas pessoas me contaram que esta mudança em suas rotinas foi a mudança mais importante de suas vidas. Pela primeira vez, elas tiveram oportunidade de participar de atividades tranquilas para as quais antes não encontravam tempo. Subitamente, os livros puderam ser lidos, as meditações puderam ser feitas, o nascer do sol apreciado. A gratificação que se experimenta substitui com vantagens todo o sono que você possa estar perdendo. Se for preciso, desligue sua televisão e vá dormir uma ou duas horas antes do que é seu costume.

81

QUANDO QUISER AJUDAR, FOCALIZE AS PEQUENAS COISAS

◇◇◇◇◇◇◇◇◇◇◇◇

Madre Teresa disse certa vez: "Não podemos fazer grandes coisas na terra. Tudo o que podemos fazer são pequenas coisas com muito amor." Muitas vezes nossos planos grandiosos de fazer grandes coisas mais tarde interferem nas oportunidades de fazer pequenas coisas agora. Um amigo me disse certa vez: "Quero que minha vida seja de serviço, mas agora não posso fazer nada. Um dia, quando for realmente bem-sucedido, farei muitas coisas pelos outros." Enquanto isso, há pessoas famintas nas ruas, pessoas mais velhas que precisam de companhia, mães que necessitam de auxílio para seus filhos, pessoas que não sabem ler, vizinhos cujas casas precisam de pintura, ruas com lixo, pessoas que precisam ser ouvidas, e milhares, milhares de pequenas coisas que estão por aí esperando quem as faça.

Madre Teresa tinha razão. Não podemos mudar o mundo, mas não precisamos fazê-lo para tornar o mundo um lugar melhor. Tudo o que precisamos é nos concentrar nos pequenos atos de caridade, coisas que podemos começar a fazer agora. Minha maneira favorita de me pôr a serviço é desenvolver meus rituais de ajuda e atos de caridade ao acaso – quase sempre pequenas coisas que trazem enorme satisfação e paz interior. Frequentemente, os atos de caridade mais apreciados não são as doações de milhões de dólares de empresas gigantescas, mas uma hora de trabalho voluntário num asilo ou uma nota de cinco dólares de alguém que não poderia dar nada.

Se pensarmos na pequena diferença que nossos atos de caridade realmente provocam na ordem das coisas, acabaremos frustrados – e provavelmente usaremos essa pequenez para justificar o fato de não fazermos nada. Se, no entanto, nos empenhamos em fazer algo – não importa o que –, sentiremos a alegria de viver e ajudaremos a tornar o nosso mundo um pouco melhor.

82

LEMBRE-SE QUE DAQUI A CEM ANOS TODO MUNDO SERÁ NOVO

◇◇◇◇◇◇◇◇◇◇◇

Minha grande amiga Patti recentemente partilhou comigo este ensinamento sábio que ela guardou da leitura de um de seus autores favoritos. Ampliou a perspectiva de minha vida.

Na ordem das coisas, cem anos não é um tempo tão longo assim. No entanto, podemos ter certeza de uma coisa: daqui a cem anos todos teremos partido deste planeta. E manter isto em mente pode nos dar a perspectiva necessária em tempos de crise ou estresse.

Se seu carro tem um pneu furado ou você se trancou fora de casa, o que será que essas coisas significarão daqui a cem anos? E se alguém agiu de forma antipática com você ou se você teve que ficar a noite inteira acordado? E daí se sua casa não está limpa e seu computador quebrou? E se você não puder sair de férias para onde quer, se não puder comprar um carro novo, ou mudar para um apartamento maior? Todas essas coisas e a maioria das outras podem ser observadas dentro de uma perspectiva melhor quando a moldura são esses cem anos.

Esta manhã mesma eu me vi numa encruzilhada mental na estrada, tenso com uma minicrise no trabalho. Houve um mal-entendido e duas pessoas foram agendadas para o mesmo horário. O que me livrou do estresse excessivo foi a ideia de que, daqui a cem anos, ninguém vai lembrar desse momento, ninguém vai ligar a mínima. Eu calmamente assumi responsabilidade pelo erro e uma das pessoas não se importou em ser reagendada. Como sempre, isso era "copo d'água", mas poderia ter facilmente se transformado em "tempestade".

83

ILUMINE-SE

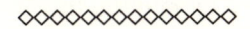

◇◇◇◇◇◇◇◇◇◇◇

Nos dias que correm, parece que estamos todos muito sérios. Minha filha mais velha me diz com frequência: "Papai, você está com aquele ar sério de novo." Mesmo aqueles dentre nós que têm um compromisso com a não seriedade estão provavelmente muito sérios. As pessoas estão frustradas e tensas a respeito de praticamente tudo – chegar cinco minutos atrasados, esperar por alguém que está cinco minutos atrasado, ficar preso no tráfego, observar alguém a nos olhar torto ou dizendo a coisa errada, pagar contas, esperar em filas, deixar a comida queimar, fazer um erro honesto. O que quer que possa ser mencionado, será algo cuja correta perspectiva podemos perder.

A raiz para a tensão é nossa pouca vontade de aceitar que a vida possa ser diferente, de alguma maneira, das nossas expectativas. Muito simplesmente, queremos as coisas de um jeito, mas elas *não* são deste tal jeito. A vida é simplesmente como é. Talvez tenha sido Benjamin Franklin quem melhor o expressou: "Nossa perspectiva limitada, nossas esperanças e medos tornam-se nossa medida para a vida e, quando as circunstâncias não se encaixam em nossas ideias, tornam-se nossas dificuldades." Nós passamos nossas vidas querendo que coisas, pessoas, e acontecimentos sejam exatamente como nós desejamos que sejam – e, quando eles não são, lutamos e sofremos.

O primeiro passo para a recuperação do estado de superseriedade é admitir que temos um problema. Você tem que querer mudar, tornar-se uma pessoa mais fácil. Você tem que perceber que sua tensão é em grande parte uma criação sua – composta da maneira como você arrumou sua vida e como você reage a ela.

O passo seguinte é entender a ligação existente entre suas expectativas e seu nível de frustração. Toda vez que você espera que uma determinada coisa seja de uma determinada maneira e ela não é, você se aborrece e sofre. Por outro lado, quando você abre mão de suas expectativas, quando aceita a vida como ela é, você se liberta. Manter suas posições é ser sério e tenso. Deixar as coisas rolarem é se iluminar.

Um bom exercício é experimentar abordar um determinado dia sem expectativas. Não espere que as pessoas sejam simpáticas. Se elas não forem, você não ficará surpreso ou incomodado com isso. Se elas forem simpáticas, no entanto, você ficará encantado. Não espere que seu dia não tenha problemas. Assim, se os problemas surgirem, diga a si mesmo: "Ah, mais um nó para desatar." Ao abordar o dia desta maneira, você perceberá como a vida se torna mais leve. Em vez de lutar contra a vida, você estará dançando com ela. Logo, logo, com a prática, você iluminará toda sua vida. E, quando você se ilumina, sua vida torna-se muito mais divertida.

84
ALIMENTE UMA PLANTA

◇◇◇◇◇◇◇◇◇◇◇◇

À primeira vista, esta pode parecer uma sugestão superficial e estranha. Qual será o bem que alimentar uma planta pode lhe fazer?

Um dos objetivos da vida espiritual e um dos requisitos para a paz interior é aprender a amar incondicionalmente. O problema é que é realmente muito difícil amar uma pessoa, qualquer uma, incondicionalmente. A pessoa que estamos tentando amar inevitavelmente diz ou faz algo errado, ou não corresponde às nossas expectativas de alguma maneira. Então ficamos aborrecidos e impomos condições ao nosso amor: "Eu o amarei, mas você terá que mudar. Terá que se comportar do modo que eu quero que você se comporte."

Muitas pessoas amam melhor seus animaizinhos de estimação do que as pessoas que as cercam. Mas amar um animalzinho incondicionalmente é igualmente difícil. O que acontece quando seu cachorro o acorda com latidos desnecessários no meio da noite ou arruina sem querer seu tapete favorito? Será que você prossegue em seu amor? Minhas filhas têm um coelhinho. Foi difícil amá-lo quando ele cavou um buraco bem no meio de meu portão de madeira lindamente trabalhado!

Uma planta, no entanto, é fácil de ser amada tal como é. Por isso, alimentar uma planta nos oferece uma excelente oportunidade de praticar o amor incondicional.

Por que será que praticamente todas as tradições espirituais advogam a incondicionalidade do amor? Porque o amor tem grande poder de transformação. Amor incondicional faz surgir sentimentos pacíficos em quem dá e quem recebe.

Escolha uma planta, de dentro ou de fora de casa, uma que você veja todos os dias. Pratique tomar conta e amar esta planta como se ela fosse um bebê (é mais fácil tomar conta de uma planta do que de um bebê – nada de noites em claro, fraldas, choro). Fale com sua planta, diga a ela o quanto a ama. Ame sua planta quer ela brote, quer não, quer viva, quer morra. Ame-a, simplesmente. Perceba como você se sente ao oferecer a esta planta seu amor incondicional. Quando você consegue oferecer este tipo de amor, você nunca se sente agitado, irritado ou apressado. Você está, apenas, num espaço de amor. Pratique este tipo de amor todas as vezes que vir sua planta, pelo menos uma vez por dia.

Depois de um certo tempo, você provavelmente saberá estender seu amor a outras coisas além dela. Quando você sentir como é bom este amor, experimente oferecê-lo às pessoas em sua vida. Pratique não querer que elas mudem ou sejam diferentes para merecer o seu amor. Ame-as pelo que são, pura e simplesmente. Sua planta pode ser uma professora maravilhosa – mostrando-lhe o poder do amor.

85

TRANSFORME SUA RELAÇÃO COM OS SEUS PROBLEMAS

◇◇◇◇◇◇◇◇◇◇◇

Obstáculos e problemas são parte da vida. A verdadeira felicidade não surge quando nos livramos de todos os problemas, mas quando mudamos nossa relação com eles, quando vemos nossos problemas como uma fonte potencial de despertar, de oportunidades de se praticar a paciência e aprender. Provavelmente, o princípio mais básico da vida espiritual é que nossos problemas são o melhor espaço para a prática do coração aberto.

É claro que alguns desses problemas devem ser solucionados. A maioria deles, no entanto, é criada por nós mesmos pela nossa luta para tornar nossa vida diferente do que ela realmente é. A paz interior pode ser alcançada pelo entendimento e aceitação das inevitáveis contradições da vida – a dor e o prazer, o sucesso e o fracasso, alegria e tristeza, nascimentos e mortes. Os problemas podem nos ensinar a sermos graciosos, humildes e pacientes.

Segundo a tradição budista, as dificuldades são tão importantes para o crescimento e a paz que existe uma prece tibetana que efetivamente roga por elas. Ela diz: "Faça com que me sejam dadas dificuldades apropriadas e sofrimentos em minha jornada para que meu coração possa ser verdadeiramente despertado e minha prática de liberação da compaixão universal possa ser, de fato, alcançada." Eles sentem que, quando a vida é muito fácil, surgem poucas oportunidades para o verdadeiro crescimento. Eu não exageraria ao ponto de recomendar que você procurasse problemas. Sugiro, no entanto, que você fuja menos de seus problemas e se esquive menos – e os aceite mais como parte inevitável, natural e até importante da vida. Você logo descobrirá que a vida pode ter muito mais de dança do que de batalha. Esta filosofia de aceitação é a raiz da atitude de se deixar levar pelo fluxo das coisas.

86
DA PRÓXIMA VEZ QUE VOCÊ SE PEGAR NUMA DISCUSSÃO, EM VEZ DE DEFENDER SEU PONTO DE VISTA, VEJA SE CONSEGUE ENTENDER O DE SEU ANTAGONISTA

◇◇◇◇◇◇◇◇◇◇◇

É interessante observar que, quando você discorda de alguém, a pessoa de quem está discordando tem tanta certeza da posição dele ou dela quanto você da sua. No entanto, nós sempre apoiamos um lado – o nosso! Esta é a maneira que nosso ego tem de recusar-se a aprender algo novo. É igualmente um hábito que cria um bocado de estresse desnecessário.

A primeira vez em que conscientemente experimentei a estratégia de ver o ponto de vista do outro em primeiro lugar, descobri algo maravilhoso: não doeu nem um pouco, e me aproximou da pessoa de quem eu discordava.

Suponha que um amigo diga a você: "Os democratas (ou conservadores) são a causa maior de nossos problemas sociais." Em vez de automaticamente defender sua posição (qualquer que seja), observe se pode aprender algo novo. Responda ao seu amigo: "Me explique por que você acha que isso é verdade." Não diga isso com um objetivo escuso em mente ou como preparação para a defesa ou a reiteração de sua posição, mas simplesmente para aprender a partir de um ponto de vista diferente. Não tente corrigir ou fazer seu amigo perceber o quão errado ele está. Deixe ao seu amigo a satisfação de se sentir correto. Pratique ser um bom ouvinte.

Ao contrário da crença popular, essa atitude não faz com que você se sinta fraco. Não quer dizer, tampouco, que você não seja um entusiástico defensor de suas crenças, ou que esteja admitindo seu erro. Você está simplesmente tentando entender o ponto de vista do outro – e tentando primeiro entendê-lo. É necessária uma grande quantidade de energia para se estar constantemente provando uma posição rígida. Por outro lado, nenhuma energia é necessária para permitir ao outro que esteja certo. Pelo contrário, é pura energização.

Quando você entende as posições e pontos de vista do próximo, muitas coisas maravilhosas começam a ocorrer. Primeiro, você aprende com frequência algo novo. Expande seus horizontes. Depois, quando a pessoa com quem você está falando se sente ouvida, ela saberá apreciá-lo e respeitá-lo mais do que se você tiver por hábito pular em defesa de suas posições. Sua defesa só tornará ele ou ela mais determinado e defensivo. Quase sempre, se você for mais doce, a outra pessoa abrandará também. Pode não acontecer da noite para o dia, mas, com o tempo, acontecerá certamente. Ao tentar primeiro entender, você estará colocando seu amor e respeito pela pessoa com quem você está falando acima de sua vontade de estar certo. Estará praticando uma forma incondicional de amor. Um benefício adicional é que a pessoa com quem você está falando poderá, até, ouvir seu ponto de vista. Embora não haja garantia que ela vá jamais ouvi-lo, de uma coisa você pode estar certo: se você não ouvir, ele ou ela tampouco o fará. Ao se tornar a primeira pessoa a se dispor a ouvir, você interrompe a espiral de teimosia.

87

REDEFINA O TERMO "REALIZAÇÃO SIGNIFICATIVA"

◇◇◇◇◇◇◇◇◇◇◇

Algumas vezes é fácil nos embevecermos com o que consideramos realizações. Passamos nossas vidas colecionando sucessos, ganhando elogios e reconhecimento, e ansiando por aprovação – tanto que perdemos a noção do que é realmente significativo.

Se você perguntar à maioria das pessoas (como eu fiz muitas vezes) "O que é uma realização significativa?", as respostas típicas serão coisas como: "Alcançar um objetivo longamente desejado", "ganhar muito dinheiro", "ganhar um jogo", "conseguir uma promoção", "ser o melhor", "ganhar elogios", e assim por diante. A ênfase é, quase sempre, para os aspectos *exteriores* da vida – coisas que acontecem fora de nós. É claro que não há nada errado com esse tipo de realização – elas são formas de nos manter lutando e melhorando as circunstâncias. Não são, no entanto, o tipo de realizações mais importante se o nosso objetivo maior for a felicidade e a paz interior. Ver sua fotografia estampada num jornal local pode ser uma boa realização, mas não é tão significativa quanto aprender a manter a serenidade em face da adversidade. No entanto, muitas pessoas apontariam a foto estampada no jornal como uma grande realização, e não pensariam em "serenidade" como nenhum tipo de realização. Quais são nossas prioridades?

Se paz e amor são nossos objetivos principais, então por que não remanejamos nosso conceito de realizações significativas para coisas que apoiam e medem qualidades como a bondade e a felicidade?

Creio que minhas realizações mais significativas brotam de meu interior: fui bom o suficiente para mim mesmo e para os outros? Será que exagerei ao enfrentar um desafio, ou consegui ser calmo e sereno? Sou feliz? Não soube controlar minha raiva ou fui capaz de deixá-la e ir em frente? Fui muito teimoso? Soube perdoar? Essas questões, e outras parecidas, nos fazem lembrar que a correta medida para o nosso sucesso não vem do que fazemos, mas do que somos e quanto amor temos em nossos corações.

Em vez de nos deixarmos consumir exclusivamente por realizações exteriores, vamos tentar enfatizar mais o que é realmente importante. Quando você redefine o que quer dizer alcançar realizações significativas, isso o ajuda a trilhar o caminho.

88
OUÇA SEUS SENTIMENTOS
(ELES ESTÃO TENTANDO LHE DIZER ALGO)

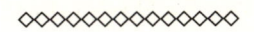

◇◇◇◇◇◇◇◇◇◇◇◇

Temos à nossa disposição um sistema protetor para nos guiar na navegação de nossas vidas. Este sistema, que consiste unicamente de nossos sentimentos, faz com que saibamos quando saímos dos trilhos e nos encaminhamos para a infelicidade e o conflito – ou quando estamos na direção da paz mental. Nossos sentimentos funcionam como uma espécie de barômetro, fazendo com que saibamos qual é o nosso clima interior.

Quando não nos enredamos em nossos pensamentos, levando as coisas a sério demais, nossos sentimentos são geralmente positivos. Eles confirmam que estamos usando nossa mente a nosso favor. Nenhum ajuste mental precisa ser feito.

Quando sua experiência de vida não é agradável – quando você está se sentindo irritado, ressentido, deprimido, estressado, frustrado, e assim por diante, seu sistema de alerta envia sinais vermelhos para fazê-lo lembrar-se que está saindo do caminho certo, de que é hora de aliviar seus pensamentos, de que você está perdendo a perspectiva correta. É necessário fazer um ajuste mental. Você pode encarar seus sentimentos negativos como se fossem sinais vermelhos de um carro. Quando eles estão piscando, estão avisando que é hora de abrandar.

Ao contrário da crença generalizada, sentimentos negativos não têm que ser estudados e analisados. Quando você analisa seus sentimentos negativos, geralmente termina duplicando-os. Da próxima vez que você estiver se sentindo mal, em vez de se encurralar numa "análise paralisante", pensando qual seria o motivo de você se sentir como está se sentindo, veja se consegue usar seus sentimentos para reconduzi-lo ao caminho da serenidade. Não faça de conta que sentimentos negativos não existem, mas tente reconhecer que o motivo pelo qual você está se sentindo triste, aborrecido, estressado, ou o que seja, é estar levando a vida demasiado a sério – fazendo "tempestade em copos d'água". Em vez de arregaçar as mangas e brigar com a vida, se defendendo, respire fundo algumas vezes e relaxe. Lembre-se: a vida só é uma emergência se você quiser.

89

SE ALGUÉM LHE ATIRA UMA BOLA, VOCÊ NÃO TEM QUE PEGAR

◇◇◇◇◇◇◇◇◇◇◇

Meu melhor amigo, Benjamin Shield, me ensinou esta lição valiosa. Frequentemente, nossas lutas interiores surgem de nossa tendência de pegar carona no problema dos outros; alguém lhe atira uma preocupação e você acha que deve pegar, e reage. Por exemplo, suponha que você esteja realmente ocupado quando um amigo liga para você e, em tom frenético, diz: "Minha mãe está me levando à loucura. O que devo fazer?" Em vez de responder "Desculpe, mas não tenho a menor ideia do que sugerir", você automaticamente agarra a bola e tenta resolver o problema. Mais tarde, você se sente estressado e ressentido porque se atrasou em sua rotina e todo mundo parece estar exigindo muito de você. É fácil perder de vista sua participação voluntária nos dramas de sua própria vida.

Lembrar-se de não agarrar sempre a bola é uma maneira eficaz de reduzir o estresse de sua vida. Quando seu amigo ligar, tente deixar a bola cair, ou seja, tente não participar pelo simples fato dele ou dela estarem tentando capturá-lo para sua causa. Se você deixar passar a jogada, a pessoa provavelmente vai apelar para alguém mais para ver se esta outra pessoa se envolve.

Não quero com isso dizer que você não deva jamais agarrar a bola, mas apenas que você deve ter a escolha. Não quero tampouco dizer que você não deve ligar para seu amigo, que deve parecer insensível e pouco prestativo. Desenvolver uma maneira mais tranquila de observar a vida exige que conheçamos nossas limitações e que assumamos a responsabilidade de nossa parte no processo. A maioria de nós agarra bolas que nos são atiradas muitas vezes por dia – no trabalho, de nossos filhos, amigos, vizinhos, vendedores, até estranhos. Se eu pegasse todas as bolas atiradas em minha direção, certamente enlouqueceria – e creio que você também! A chave é saber quando agarrar a bola certa de maneira que não nos sintamos vitimizados, ressentidos ou esgotados.

Até algo muito simples como atender a um telefonema quando você está ocupado demais para falar é uma forma de agarrar a bola. Ao atender o telefone, você está voluntariamente tomando parte numa interação para a qual talvez não tenha tempo, naquela hora, ou a energia necessária ou o padrão mental disponível. Ao simplesmente não atender o telefone, você está assumindo a responsabilidade de sua própria paz de espírito. A mesma ideia se aplica a insultos ou críticas. Quando alguém nos brinda com uma ideia ou comentário, você pode agarrá-los e se sentir magoado, ou deixar para lá e seguir adiante com seu dia.

A ideia de "não pegar a bola" pelo simples fato de ela estar sendo arremessada em sua direção é uma ferramenta importante a ser explorada. Espero que você a experimente. Você pode descobrir que costuma pegar muito mais bolas do que pensa.

90

MAIS UM SHOW QUE PASSA

◇◇◇◇◇◇◇◇◇◇

Essa é uma estratégia que acrescentei recentemente à minha vida. É um lembrete sutil que tudo – o bem e o mal, o prazer e a dor, a aprovação e a desaprovação, realizações e erros, fama e vergonha –, tudo vem e passa. Tudo tem começo e fim e é assim que as coisas são.

Toda experiência pela qual você já passou acabou. Todo pensamento que você teve começou e se completou. Cada emoção e humor que você experimentou foram substituídos por outros. Você se sentiu feliz, triste, invejoso, deprimido, aborrecido, amoroso, envergonhado, orgulhoso, e toda a gama possível de sentimentos humanos. Onde foram parar? A resposta é: ninguém sabe. Tudo o que sabemos é que, eventualmente, tudo se dissolve em nada. Acolher esta verdade em sua vida é o começo de uma aventura libertadora.

Nosso desapontamento nasce de duas maneiras essenciais. Quando estamos experimentando prazer, gostaríamos que ele durasse para sempre. Isso nunca acontece. Quando estamos experimentando dor, gostaríamos que ela se fosse agora. Normalmente isto não acontece. A infelicidade é o resultado da luta contra o fluxo natural da experiência.

É muito útil experimentarmos as coisas com a percepção de que a vida é uma sucessão de coisas. Um momento presente é sucedido por outro momento presente. Quando acontece algo que apreciamos, saiba que, embora a experiência da felicidade seja maravilhosa, ela eventualmente será substituída por outro tipo de momento. Se isto estiver bom para você, uma sensação de paz o invadirá mesmo quando o momento muda. E, se você estiver experimentando algum tipo de dor ou desprazer, saiba que isto também passa. Manter este estado de alerta próximo ao coração é uma maneira incrível de se manter a perspectiva, mesmo em face da adversidade. Nem sempre é fácil, mas normalmente ajuda.

91

PREENCHA SUA VIDA COM AMOR

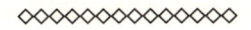

◇◇◇◇◇◇◇◇◇◇◇

Não conheço ninguém que não queira uma vida plena de amor. Para que isso aconteça, o esforço inicial tem que ser nosso. Em vez de esperar que outras pessoas nos ofereçam o amor que desejamos, somos nós que devemos ser uma visão e a fonte do amor. Temos que investir em nossa caridade para dar o exemplo que outros possam seguir.

Alguém disse que "a menor distância entre dois pontos é uma intenção". Isto é certamente verdadeiro com relação a uma vida plena de amor. O ponto de partida ou fundação de uma vida plena de amor é o desejo e o compromisso de ser uma fonte de amor. Nossa atitude, escolhas, atos de caridade, e vontade de ser o primeiro a perdoar farão com que alcancemos nosso objetivo.

Da próxima vez que você se sentir frustrado com a falta de amor em sua vida ou no mundo, faça uma experiência. Esqueça do mundo e das outras pessoas por alguns minutos. Em vez disso, olhe em seu coração. Será que você pode se tornar uma fonte ainda maior de amor? Você pode fazer brotar pensamentos de amor sobre você mesmo e os outros? Será que você pode estender esses pensamentos amorosos de forma que eles atinjam o resto do mundo – até mesmo pessoas que você sente que não merecem?

Ao abrir seu coração para a possibilidade de um amor ainda maior, e ao se estabelecer prioritariamente como uma fonte de amor (em vez de ser um mero receptáculo), você estará dando um passo importante na direção do amor que você deseja. Você irá, também, descobrir algo realmente memorável. Quando você passa a se enfatizar como pessoa amorosa, que é algo que você pode controlar – e coloca menos ênfase na recepção do amor, que é algo que você não pode controlar –, descobrirá que sua vida é plena de amor. Logo você descobrirá um dos maiores segredos do mundo: o amor é sua própria e plena recompensa.

92

PERCEBA O PODER DE SEUS PENSAMENTOS

◇◇◇◇◇◇◇◇◇◇◇◇

Se você pudesse perceber apenas uma dinâmica mental, a mais importante seria a que relaciona seus pensamentos com seus sentimentos.

É importante perceber que você está pensando constantemente. Não se engane acreditando que você já sabe disso! Pense, por um momento, a respeito de sua respiração. Até agora ao ler esta frase, você certamente nem tinha reparado que estava respirando. A verdade é que, a menos que ela lhe falte, a respiração não é algo cuja ocorrência notemos.

Pensar funciona do mesmo jeito. Porque você está sempre fazendo isso, é fácil esquecer o que está acontecendo, e o pensamento se tornar invisível para você. Ao contrário da respiração, no entanto, esquecer que estamos pensando pode nos causar sérios problemas na vida, como infelicidade, irritação, conflitos internos e estresse. A razão disso é que o pensamento sempre volta para você, sob a forma de sentimento; há uma relação ponto a ponto entre as duas coisas.

Tente ficar irritado sem ter tido pensamentos irritantes para começar! Agora, tente sentir-se estressado sem ter tido pensamentos estressantes – ou triste, sem pensamentos tristes- ou ciumento sem pensamentos ciumentos. Você não conseguiria – é impossível. A verdade é que, para experimentar um sentimento, primeiro você tem que produzir o pensamento que é responsável por tal sentimento.

A infelicidade não pode e não existe por si só. Infelicidade é o sentimento que acompanha o pensamento negativo sobre a vida. Na ausência de tal pensamento, a infelicidade, ou o estresse, ou a inveja, não podem existir. Não há nada que sustente seus pensamentos negativos no lugar a não ser sua própria força de pensamento. Da próxima vez que você se sentir aborrecido, verifique seu pensamento – ele certamente será negativo. Lembre-se que é seu pensamento que é negativo, não sua vida. Este simples alerta é o primeiro passo para colocá-lo de volta no caminho da felicidade. É um caminho que necessita prática, mas você pode atingir o ponto em que lida com seus pensamentos negativos da mesma maneira que lida com moscas num piquenique: você as espanta e segue em frente com seus planos para o dia.

93
ABANDONE A IDEIA DE QUE "MAIS É MELHOR"

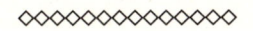

◇◇◇◇◇◇◇◇◇◇◇

Vivemos na cultura mais próspera que o mundo já viu. As estimativas garantem que, embora apenas 6% da população mundial viva nos EUA, usamos metade dos recursos naturais existentes. Seria razoável supor que, se mais pessoas vivessem melhor, viveríamos na cultura mais feliz e satisfeita de todos os tempos. Mas tal não acontece. Nem perto disso. Na verdade, vivemos numa das culturas mais insatisfeitas de que se tem notícia.

Não é que ter muitas coisas seja mau, errado ou prejudicial em si, mas o desejo de ter mais e mais é insaciável. Enquanto você pensar que mais é melhor, não se sentirá satisfeito.

Assim que obtemos algo, ou alcançamos um objetivo, a maioria de nós se volta para a coisa seguinte – imediatamente. Isso atrapalha nossa apreciação da vida e das inúmeras bênçãos que recebemos. Conheço um homem, por exemplo, que comprou uma linda casa num bom lugar. Ele parecia feliz até o dia seguinte de sua mudança. Então a empolgação acabou. Quase imediatamente ele desejou ter comprado uma casa maior e melhor. Seu pensamento de mais é melhor impediu-o de apreciar sua nova casa um dia que fosse. Infelizmente, ele não é o único a proceder assim. Em graus variados, somos todos assim. A coisa chegou a tal ponto que, quando o Dalai Lama recebeu o Prêmio Nobel da Paz em

1989, uma das primeiras perguntas que um repórter lhe fez, foi: "E agora?" Parece que o quer que façamos – comprar uma casa, um carro, comer uma refeição, encontrar um companheiro, comprar novas roupas, ou até receber uma honraria – nunca é suficiente.

O truque para superar essa insidiosa tendência é se convencer de que mais não é melhor e que o problema nunca está no que você não tem, mas no desejo de ter mais. Aprender a se satisfazer não quer dizer que você não possa, não faça, ou não deveria nunca ter mais do que tem, apenas que a felicidade não é obrigatória. Você pode aprender a ser feliz com o que tem tornando-se mais sintonizado com o momento presente, não enfatizando tanto o que você quer. À medida que pensamentos de vida melhor invadem sua mente, lembre-se gentilmente que, mesmo que você tenha o que acha que quer, você não se sentiria mais satisfeito porque o mesmo padrão mental que deseja mais agora o faria querer mais então.

Desenvolva uma nova apreciação das bênçãos de que você já dispõe. Encare sua vida com a mente aberta, como se fosse a primeira vez que a vê. À medida que desenvolve sua nova percepção, sentirá que, quando novas aquisições ou realizações entram em sua vida, seu nível de apreciação se elevará.

Uma excelente medida de felicidade é o diferencial entre o que você tem e o que gostaria de ter. Você pode gastar sua vida desejando mais, perseguindo a felicidade – ou pode simplesmente decidir, conscientemente, que deseja menos. Esta última estratégia é infinitamente mais fácil e mais gratificante.

94

PERGUNTE-SE SEMPRE: "O QUE É IMPORTANTE?"

◇◇◇◇◇◇◇◇◇◇

É fácil se sentir perdido ou esgotado no caos, responsabilidades e objetivos da vida. Uma vez esgotado, é tentador esquecer e adiar o que está mais próximo de nós e de nosso coração. Descobrir como é útil, perguntar-se sempre: "O que é realmente importante?"

Como parte de minha rotina diária e matinal, gasto alguns segundos me colocando esta questão. Lembrar do que é realmente importante me ajuda a manter minhas prioridades em dia. Lembra que, a despeito de inúmeras responsabilidades, tenho uma escolha sobre o que é essencial em minha vida e onde devo empregar a maior parte de minha energia – me pondo disponível para minha mulher e filhas, escrevendo, praticando meu trabalho interior, e assim por diante.

Embora pareça simplista em excesso, essa estratégia tem me ajudado a manter-me em meu caminho. Quando emprego alguns minutos do meu tempo me recordando do que é realmente importante, noto que me torno mais sintonizado com o momento presente, menos apressado e sem preocupações quanto a estar sempre certo. Quando, ao contrário, me esqueço do que é realmente importante, sei que posso perder minhas prioridades de vista e, mais uma vez, me perder em minhas "ocupações". Corro porta afora, trabalho até tarde, perco a paciência, pulo exercícios, e faço outras coisas que estão em conflito com os objetivos de minha vida.

Se você gastar regularmente um minuto consigo mesmo se perguntando "O que é realmente importante?" pode descobrir que algumas das escolhas que está fazendo estão em conflito com seus objetivos preestabelecidos. Esta estratégia pode ajudá-lo a alinhar suas ações com seus objetivos e encorajá-lo a tomar decisões mais conscientes e amorosas.

95

CONFIE EM SEU CORAÇÃO INTUITIVO

◇◇◇◇◇◇◇◇◇◇

Quantas vezes você se disse, após um incidente, "Eu sabia que não deveria ter feito isso"? Quantas vezes você intuitivamente sabe algo, mas não confia em sua intuição?

Confiar em seu coração intuitivo quer dizer ouvir e acreditar em sua calma voz interior, que sabe o que você deve saber, quais as ações que devem ser perpetradas, ou as mudanças necessárias à sua vida. Muitos de nós *não* ouvimos nosso coração intuitivo por medo de não dominar realmente um assunto sem pensar a respeito dele, ou por medo que respostas legítimas possam ser tão óbvias. Nós dizemos coisas a nós mesmos como "Isto não poderia ser correto" ou "Eu não poderia fazer aquilo". E, assim que permitimos que nossa mente pensante entre em cena, nós, de certa maneira, saímos. Passamos então a defender nossas limitações, e elas nos possuem.

Se você consegue superar o medo de que o coração intuitivo lhe dê respostas incorretas, se você aprende a confiar nele, sua vida pode se tornar a aventura mágica que está designada a ser. Confiar em seu coração intuitivo é como remover barreiras para permitir a passagem do prazer e da sabedoria. É uma maneira de abrir seus olhos e coração para a maior fonte de sabedoria e graça.

Se você não está acostumado a confiar em sua intuição, comece destinando algum tempo tranquilo para liberar sua mente e ouvir.

Ignore e dispense qualquer pensamento habitual ou derrotista que invada sua mente e preste atenção apenas aos pensamentos calmos que nela aflorem. Se você descobrir que pensamentos pouco comuns, mas amorosos, começam a aparecer em sua mente, preste atenção neles e passe à ação. Se, por exemplo, a mensagem que você captar for a de escrever ou procurar alguém que você ama, vá em frente. Se seu coração intuitivo lhe diz que você precisa diminuir seu ritmo e encontrar mais tempo para si mesmo, procure fazê-lo. Se você se lembrar de um hábito seu que precisa ser acompanhado, acompanhe-o. Você descobrirá que, quando sua intuição lhe envia mensagens e você reage com ações, será recompensado com experiências positivas e amorosas. Comece a confiar em seu coração intuitivo hoje mesmo e veja o mundo de diferença que surge em sua vida.

96
ESTEJA ABERTO PARA "O QUE É"

◇◇◇◇◇◇◇◇◇◇

Um dos princípios espirituais essenciais em muitas filosofias é a ideia de abrir seu coração para "o que é", em vez de insistir que a vida seja de uma determinada maneira. Esta ideia é muito importante porque boa parte de nossa luta interior nasce de nosso desejo de controlar a vida, de insistir que seja diferente do que realmente é. Mas a vida não é sempre (ou, por outra, raramente é) da maneira que gostaríamos que fosse – ela é simplesmente do jeito que é. Quanto maior nossa entrega à verdade do momento, maior será nossa paz de espírito.

Quando temos ideias preconcebidas de como a vida deveria ser, elas interferem com nossa oportunidade de aproveitar e aprender com o momento presente. Isto nos impede de honrar a experiência pela qual estamos passando, que pode ser uma oportunidade de despertar.

Em vez de reagir às queixas de uma criança ou à desaprovação de seu cônjuge, tente abrir seu coração e aceitar o momento como ele vem. Aceite mentalmente que eles estejam agindo exatamente da maneira que você gostaria que fizessem. Se um projeto no qual você está trabalhando for rejeitado, em vez de se sentir derrotado, veja se consegue se convencer de que: "Ah, rejeição. Da próxima vez vou conseguir que seja aprovado." Respire fundo e alivie sua reação.

Você deve abrir seu coração desta maneira não para fingir que aceita reclamações, desaprovações ou o fracasso, mas para transcendê-los — para aceitar que a vida está transcorrendo exatamente como a planejou. Se você puder aprender a abrir seu coração no meio das dificuldades da vida diária, logo descobrirá que muitas das coisas que sempre o aborreceram não mais o farão. Sua perspectiva se aprofundará. Quando você combate as coisas que tem que enfrentar, a vida se torna uma batalha, como um jogo de pingue-pongue em que você é a bolinha. Mas, quando você se entrega ao momento, aceita o que está acontecendo, aceita verdadeiramente, sentimentos mais pacíficos começam a emergir. Tente esta técnica em alguns dos pequenos desafios que você tem que enfrentar. Aos poucos você será capaz de estender essa maneira alerta a coisas ainda maiores. Este é um modo realmente poderoso de levar a vida.

97

CUIDE DO QUE É DE SUA CONTA

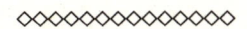

◇◇◇◇◇◇◇◇◇◇◇

É difícil o suficiente ter que criar uma vida serena quando temos que lidar com nossas próprias tendências mentais, assuntos complexos, problemas da vida real, hábitos, e as contradições e complicações da vida. Mas, quando você se sente compelido a lidar com os problemas das outras pessoas, seu objetivo de atingir a paz torna-se quase impossível de ser alcançado.

Quão frequentemente você se pega dizendo coisas como "Eu não faria isso se fosse ela", ou "Não posso acreditar que ele tenha feito aquilo", ou ainda "O que ela está pensando?". Quantas vezes você se sente frustrado, aborrecido, irritado, ou preocupado com coisas que não só você *não tem como* controlar, ou ajudar de fato, mas não são da sua conta?

Esta não é uma fórmula para impedir que você ajude as pessoas. Pelo contrário, ensina quando você deve ajudá-las e quando deve deixar o fardo para outrem. Eu costumava ser o tipo da pessoa que sai correndo na frente e tenta resolver problemas antes mesmo que alguém peça. Não só meus esforços se provavam inúteis, como eles eram frequentemente pouco apreciados, e muitas vezes até motivo de ressentimento. Desde que me recuperei da necessidade de estar sempre envolvido, minha vida tornou-se mais simples. E agora que não estou me intrometendo onde não fui chamado, tornei-me muito mais disponível para ajudar quando sou efetivamente requisitado e necessário.

Cuidar do que é da sua conta vai muito além de evitar a tentação de tentar resolver os problemas dos outros. Inclui parar de captar pedaços de conversas, fofocar, falar das pessoas às costas delas, e analisar ou tentar entender os outros. Uma das razões principais pelas quais a maioria de nós gosta de se deter nas falhas ou problemas do alheio é evitar encarar o nosso próprio fardo.

Quando você se perceber envolvido onde não foi chamado, dê parabéns a você mesmo ao ter a humildade e sabedoria de voltar atrás. Em pouquíssimo tempo, você vai se livrar da perda de galões de energia extra e concentrar sua atenção onde ela é realmente relevante e necessária.

98
PROCURE O EXTRAORDINÁRIO NO COMUM

◇◇◇◇◇◇◇◇◇◇◇

Ouvi uma história a respeito de dois trabalhadores que foram abordados por um repórter. O repórter perguntou ao primeiro trabalhador: "O que você está fazendo?" A resposta dele foi a reclamação de que era quase um escravo, subempregado como colocador de tijolos, que passava seus dias desperdiçando tempo, colocando um tijolo em cima do outro.

O repórter fez a mesma pergunta ao segundo trabalhador. A resposta dele, no entanto, foi diferente. "Sou a pessoa mais sortuda do mundo", respondeu. "Na verdade sou parte importante na construção de belas peças arquitetônicas. Ajudo a transformar simples tijolos em delicadas obras-primas."

Os dois tinham razão.

A verdade é que vemos na vida o que queremos ver. Se você procura o que é feio, encontrará à vontade. Se você quiser encontrar os defeitos das outras pessoas, de sua carreira, do mundo de maneira geral, não terá dificuldades em fazê-lo. Mas o contrário é igualmente verdadeiro. Se você procurar encontrar o extraordinário no comum, pode treinar e fazê-lo. Este colocador de tijolos vê catedrais em pedaços de tijolos. A pergunta é: você consegue fazer o mesmo? Será que você pode perceber a extraordinária sincronicidade que existe em nosso mundo; a perfeição do universo em ação; a extraordinária beleza da natureza; o incrível milagre da vida humana? Para mim, tudo é questão de intenção. Há tanto o que agradecer, tanto a temer. A vida é preciosa e extraordinária. Preste atenção neste fato e coisas pequenas, comuns, passarão a ter um significado totalmente diferente.

99
PROGRAME TEMPO PARA SEU TRABALHO INTERIOR

◇◇◇◇◇◇◇◇◇◇◇

No campo do planejamento financeiro, há um princípio aceito universalmente que diz que é vital que você se pague antes de pagar suas contas – ou seja se ver como credor. O motor dessa sabedoria financeira é que, se você esperar para fazer suas economias só quando todo mundo estiver pago, não restará nada para você! O resultado é que você fica adiando seu plano de poupança até que seja tarde demais para fazer qualquer coisa a esse respeito. Mas se, ao contrário, você se pagar primeiro, haverá, de alguma maneira, suficiente para você pagar todo mundo a quem deve também.

Princípio idêntico deve ser aplicado na implementação de seu programa de prática espiritual. Se você esperar até que todas as suas tarefas, responsabilidades e tudo o mais estejam feitos antes de começar, você nunca conseguirá. Eu garanto.

Descobri que planejar um pouco de tempo todos os dias como se fosse um encontro marcado de verdade é o único jeito de garantir que você empregue algum tempo consigo mesmo. Você pode se tornar um madrugador, por exemplo, e reservar uma hora para ler, rezar, refletir, meditar, praticar ioga, se exercitar, ou qualquer outra forma de usar seu tempo. O que você vai fazer com o seu tempo é com você. O que é importante é você programar-se e manter sua programação.

Tive uma cliente que contratou uma babá para garantir que tivesse a oportunidade de fazer coisas que ela queria fazer. Hoje, mais de um ano mais tarde, seus esforços já renderam dividendos consideráveis. Está mais feliz do que jamais julgou possível. Ela me contou que houve tempo em que não teria sequer considerado a ideia de contratar uma babá para garantir para si o tipo de tempo qualitativo que ela conseguiu garantir. Agora que fez isso, nem conseguiria se imaginar fazendo algo diferente! Se você se empenhar, tem como conseguir o tempo que necessita.

100

VIVA ESTE DIA COMO SE FOSSE SEU ÚLTIMO. PODE SER!

◇◇◇◇◇◇◇◇◇◇◇

Quando morreremos? Daqui a cinquenta anos, vinte, dez, cinco, hoje? Da última vez que andei perguntando, ninguém me respondeu. Eu me indago, frequentemente, quando ouço as notícias. Será que a pessoa que morreu num acidente de carro a caminho de casa, na volta do trabalho, lembrou de dizer à sua família o quanto a amava? Será que viveu bem? Amou bem? Talvez a única coisa certa seja que ela ainda tivesse coisas em sua "caixa de entrada" que não estavam feitas.

A verdade é que nenhum de nós tem ideia de quanto tempo temos ainda por viver. Infelizmente, no entanto, nós quase sempre agimos como se fôssemos viver para sempre. Adiamos as coisas que, lá no fundo, sabemos que temos que fazer – dizer às pessoas que as amamos, como gostamos delas, aproveitar algum tempo de solidão, visitar um bom amigo, fazer uma bela caminhada, correr numa maratona, escrever uma carta sentida, pescar com a filha, aprender a meditar, tornar-se um ouvinte melhor, e assim por diante. Nós normalmente apresentamos justificativas elaboradas e sofisticadas para nossas ações, e acabamos por empregar a maior parte de nosso tempo e energia fazendo coisas que não são tão importantes assim. Nós defendemos nossas limitações, e nos tornamos nossa própria limitação.

Achei apropriado finalizar este livro sugerindo que você viva cada dia como se fosse seu último sobre a face da terra. Sugiro isso não como se fosse uma receita que sirva para você ser imprudente e abandonar suas responsabilidades, mas para lembrá-lo de quão preciosa a vida de fato é. Um amigo meu me disse certa vez: "A vida é importante demais para ser levada tão a sério." Dez anos depois, sei que ele estava certo. Espero que este livro tenha sido, e continue a ser, útil para você. Por favor não esqueça a mais básica de todas as estratégias: *Não faça tempestade em copo d'água!* Termino este livro dizendo sinceramente
    que lhe desejo tudo de bom.

    Valorize você mesmo.

LEITURAS SUGERIDAS

◇◇◇◇◇◇◇◇◇◇◇◇

A lista seguinte inclui alguns de meus títulos favoritos que podem ajudar a lançar luz adicional sobre as estratégias listadas neste livro.

Bailey, Joseph. *The Serenity Principle*. San Francisco: Harper & Row, 1990.
Boorstein, Sylvia. *It's Easier Than You Think*. San Francisco: HarperCollins, 1996.
_____. *You Can Feel Good Again*. Nova York: Plume, 1993.
_____. *Short Cut Throught Therapy*. Nova York: Plume, 1995.
_____. *Handbook for the Soul*. Nova York: Little, Brown, 1996.
Chopra, Deepak. *The Seven Spiritual Laws of Sucess*. San Rafael, Calif.: New World Library; 1994.
_____. *Ageless Body, Timeless Mind*. Nova York: Harmony, 1993.
Dyer, Wayne. *Real Magic*. Nova York: HarperCollins, 1992.
_____. *The Sky's the Limit*. Nova York: Pocket Books, 1980.
_____. *You Sacred Self*. Nova York: Harper Paperback, 1995.
_____. *You Erroneous Zones*. Nova York: Harper, 1976.
Hay, Louise. *Life*. Carson, Calif.: Hay House, 1995.
Hittleman, Richard. *Richard Hittleman's Twenty-eight-Day Yoga Exercise Plan*. Nova York: Bantam, 1983.

Kabat-Zinn, Jon. *Wherever You Go, There You Are*. Nova York: Hyperion, 1994.

Komfield, Jack. *A Path wiht Heart*. Nova York: Bantam, 1993.

Le Shan, Larry. *How to Meditate*. (Auto Tape) Los Angeles: Audio Renaissance, 1987.

Levine, Stephen, e Ondrea Levine. *Embracing the Beloved*. Nova York: Anchor Books, 1995.

Salzberg, Sharon. *Loving Kindness*. Boston: Shambhala, 1995.

Schwartz, Tony. *What Really Matters?* Nova York: Bantan, 1995.

Siegel, Bernie. *Love, Medicine and Miracles*. Nova York: Harper Perennial, 1986.

Williamson, Marianne. *A Return to Love*. Nova York: HarperCollins, 1993.

Impressão e Acabamento:
BARTIRA GRÁFICA